"十三五"国家重点图书出版规划项目
中国土地与住房研究丛书·村镇区域规划与土地利用
国家科技支撑计划课题"村镇区域空间规划与土地利用优化技术集成示范(2012BAJ22B06)"研究成果

村镇区域发展与空间优化：探索与实践

贺灿飞　毛熙彦　等著

图书在版编目(CIP)数据

村镇区域发展与空间优化：探索与实践/贺灿飞等著. —北京：北京大学出版社，2016.10

（中国土地与住房研究丛书·村镇区域规划与土地利用）

ISBN 978-7-301-27329-6

Ⅰ. ①村… Ⅱ. ①贺… Ⅲ. ①农村经济发展—研究—中国 Ⅳ. ①F32

中国版本图书馆 CIP 数据核字(2016)第 182160 号

书　　名	村镇区域发展与空间优化：探索与实践
	CUNZHEN QUYU FAZHAN YU KONGJIAN YOUHUA: TANSUO YU SHIJIAN
著作责任者	贺灿飞　毛熙彦　等著
责任编辑	王树通
标准书号	ISBN 978-7-301-27329-6
出版发行	北京大学出版社
地　　址	北京市海淀区成府路 205 号　100871
网　　址	http://www.pup.cn
电子信箱	zpup@pup.cn
新浪微博	@北京大学出版社
电　　话	邮购部 62752015　发行部 62750672　编辑部 62765014
印 刷 者	北京大学印刷厂
经 销 者	新华书店
	730 毫米×1020 毫米　16 开本　10.75 印张　200 千字
	2016 年 10 月第 1 版　2016 年 10 月第 1 次印刷
定　　价	30.00 元

未经许可，不得以任何方式复制或抄袭本书之部分或全部内容。
版权所有，侵权必究
举报电话：010-62752024　电子信箱：fd@pup.pku.edu.cn
图书如有印装质量问题，请与出版部联系，电话：010-62756370

"中国土地与住房研究丛书"
村镇区域规划与土地利用

编辑委员会

主编 冯长春

编委 （按姓氏笔画排序）

王茂军	仝　德	冯长春	冯　健
杨子江	吕　斌	刘　志	刘雪萍
阴　劼	严长青	杨家文	李贵才
吴健生	吴智刚	沈昊婧	宋　峰
张一凡	张文新	张书海	张　华
陈　春	陈耀华	林　坚	赵鹏军
贺灿飞	郭　菲	唐　琳	黄志基
曹广忠	曹敏政	梁进社	彭震伟
曾　辉	楚建群	戴林琳	戴特奇

丛书总序

本丛书的主要研究内容是探讨我国新型城镇化之路、城镇化与土地利用的关系、城乡一体化发展及村镇区域规划等。

在当今经济全球化的时代,中国的城镇化发展正在对我国和世界产生深远的影响。诺贝尔奖获得者,美国经济学家斯蒂格里茨(J. Stiglitse)认为中国的城镇化和美国的高科技是影响 21 世纪人类发展进程的两大驱动因素。他提出"中国的城镇化将是区域经济增长的火车头,并产生最重要的经济利益"。

2012 年 11 月,党的十八大报告指出:"坚持走中国特色新型工业化、信息化、城镇化、农业现代化道路,推动信息化和工业化深度融合、工业化和城镇化良性互动、城镇化和农业现代化相互协调,促进工业化、信息化、城镇化、农业现代化同步发展。"

2012 年的中央经济工作会议指出:"积极稳妥推进城镇化,着力提高城镇化质量。城镇化是我国现代化建设的历史任务,也是扩大内需的最大潜力所在,要围绕提高城镇化质量,因势利导、趋利避害,积极引导城镇化健康发展。要构建科学合理的城市格局,大中小城市和小城镇、城市群要科学布局,与区域经济发展和产业布局紧密衔接,与资源环境承载能力相适应。要把有序推进农业转移人口市民化作为重要任务抓实抓好。要把生态文明理念和原则全面融入城镇化全过程,走集约、智能、绿色、低碳的新型城镇化道路。"

2014 年 3 月,我国发布《国家新型城镇化规划(2014—2020 年)》。根据党的十八大报告、《中共中央关于全面深化改革若干重大问题的决定》、中央城镇化工作会议精神、《中华人民共和国国民经济和社会发展第十二个五年规划纲要》和《全国主体功能区规划》编制,按照走中国特色新型城镇化道路、全面提高城镇化质量的新要求,明确未来城镇化的发展路径、主要目标和战略任务,统筹相关领域制度和政策创新,是指导全国城镇化健康发展的宏观性、战略性、基础性规划。

从世界各国来看,城市化(我国称之为城镇化)具有阶段性特征。当城市人口超过 10% 以后,进入城市化的初期阶段,城市人口增长缓慢;当城市人口超过 30% 以后,进入城市化加速阶段,城市人口迅猛增长;当城市人口超过 70% 以后,进入城市化后期阶段,城市人口增长放缓。中国的城镇化也符合世界城镇化的一般规律。总结自1949年以来我国城镇化发展的历程,经历了起步(1949—1957年)、曲折发展(1958—1965年)、停滞发展(1966—1977年)、恢复发展(1978—1996年)、快速发展(1996年以来)等不同阶段。建国伊始,国民经济逐步恢复,尤其是"一五"期间众多建设项目投产,工业化水平提高,城市人口增加,拉开新中国城镇化进程的序幕。城市数量从1949年的136个增加到1957年的176个,城市人口从1949年的5 765万人增加到1957年9 949万人,城镇化水平从1949年的10.6%增长到15.39%。1958—1965年这一时期,由于大跃进和自然灾害的影响,城镇化水平起伏较大,前期盲目扩大生产,全民大办工业,导致城镇人口激增2 000多万,后期由于自然灾害等影响,国民经济萎缩,通过动员城镇工人返乡和调整市镇设置标准,使得城镇化水平回缩。1958年城镇化水平为15.39%,1959年上升到19.75%,1965年城镇化水平又降低到1958年水平。1966—1977年,"文化大革命"期间,国家经济发展停滞不前,同时大批知识青年上山下乡,城镇人口增长缓慢,城镇化进程出现反常性倒退,1966年城镇化水平为13.4%,1976年降为12.2%。1978—1996年,十一届三中全会确定的农村体制改革推动了农村经济的发展,释放大量农村剩余劳动力,改革开放政策促进城市经济不断壮大,国民经济稳健发展,城镇化水平稳步提升,从1979年的17.9%增加到1996年的29.4%,城市数量从1978年的193个增加到1996年的668个。1996年以来,城镇化率年均增长率在1%以上。2011年城镇人口达到6.91亿,城镇化水平达到51.27%,城市化水平首次突破50%;2012年城镇化率比上年提高了1.3个百分点,城镇化水平达到52.57%;2013年,中国大陆总人口为136 072万人,城镇常住人口73 111万人,乡村常住人口62 961万人,城镇化水平达到了53.7%,比上年提高了1.1个百分点。2014年城镇化水平达到54.77%,比上年提高了1.04个百分点;2015年城镇化水平达到56.10%,比上年提高1.33个百分点。表明中国社会结构发生了历史性的转变,开始进入城市型社会为主体的城镇化快速发展阶段。与全球主要国家相比,中国目前的城镇化水平已超过发展中国家平均水平,但与发达国家平均77.5%的水平还有较大差距。

  探讨我国新型城镇化之路,首先要对其内涵有一个新的认识。过去一种最为普遍的认识是:城镇化是"一个农村人口向城镇人口转变的过程"。在这种认识的指导下,城镇人口占国家或地区总人口的比重成为了衡量城市化发育的关键,多数情况下甚至是唯一指标。我们认为:城镇化除了是"一个农村人口向城市人口转变的过程",还包括人类社会活动及生产要素从农村地区向城镇地区转移的过程。新型城市化的内涵应该由4个基本部分组成:人口;资源要素投入;产出;社会服务。换言之,新型城镇化的内涵应该由人口城市化、经济城市化、社会城镇化和资源城镇化所组成。

人口城镇化就是以人为核心的城镇化。过去的城镇化,多数是土地的城镇化,而不是人的城镇化。多数城镇化发展的路径是城镇规模扩张了,人却没有在城镇定居下来。所谓"没有定居",是指没有户籍、不能与城镇人口一样享受同样的医保、福利等"半城镇化"的人口。2013年中国"人户分离人口"达到了2.89亿人,其中流动人口为2.45亿人,"户籍城镇化率"仅为35.7%左右。人口城镇化就是要使半城镇化人变成真正的城镇人,在提高城镇化数量的同时,提高城镇化的质量。

城镇化水平与经济发展水平存在明显的正相关性。国际经验表明,经济发达的地区和城市有着较高的收入水平和更好的生活水平,吸引劳动力进入,促进城市化发展,而城市人口的增长、城市空间的扩大和资源利用率的提升,又为经济的进一步发展提供必要条件。发达国家城市第三产业达到70%左右,而我国城市产业结构以第二产业为主导。经济城镇化应该是城市产业结构向产出效益更高的产业转型,通过发展集群产业,带来更多的就业和效益,以承接城镇人口的增长和城市规模的扩大,这就需要进行产业结构调整和经济结构转型与优化。

社会城镇化体现在人们的生活方式、行为素质和精神价值观及物质基础等方面。具体而言,是指农村人口转为城镇人口,其生活方式、行为、精神价值观等发生大的变化,通过提高基础设施以及公共服务配套,使得进城农民在物质、精神各方面融入城市,实现基本公共服务均等化。

资源城镇化是指对土地、水资源、能源等自然资源的高效集约利用。土地、水和能源资源是约束我国城镇化的瓶颈。我国有500多个城市缺水,占城市总量三分之二;我国土地资源"一多三少":总量多,人均耕地面积少、后备资源少、优质土地比较少,所以三分之二以上的土地利用条件恶劣;城镇能耗与排放也成为突出之挑战。因此,资源城镇化就是要节能减排、低碳发展、高效集约利用各类资源。

从新型城镇化的内涵理解入手,本丛书的作者就如何高效集约的利用土地资源,既保证社会经济和城镇发展的用地需求,又保障粮食安全所需的十八亿亩耕地不减少;同时,以人为核心的城镇化,能得使进城农民市民化,让城镇居民安居乐业,研究了我国新型城镇化进程中的"人—业—地—钱"相挂钩的政策,探讨了我国粮食主产区农民城镇化的意愿及城镇化的实现路径。

在坚持以创新、协调、绿色、开放、共享的发展理念为引领,深入推进新型城镇化建设的同时,加快推进城乡发展一体化,也是党的十八大提出的战略任务。习近平总书记在2015年4月30日中央政治局集体学习时指出:"要把工业和农业、城市和乡村作为一个整体统筹谋划,促进城乡在规划布局、要素配置、产业发展、公共服务、生态保护等方面相互融合和共同发展。"他强调:"我们一定要抓紧工作、加大投入，努力在统筹城乡关系上取得重大突破，特别是要在破解城乡二元结构、推进城乡要素平等交换和公共资源均衡配置上取得重大突破，给农村发展注入新的动力，让广大农民平等参与改革发展进程、共同享受改革发展成果。"因此，根据党的十八大提出的战略任务和习近平同志指示精神，国家科学技术部联合教育部、国土资源部、中科院等部门组织北京大学、中国科学院地理科学与资源研究所、同济大学、武汉大学、东南大学等单位开展了新农村建设和城乡一体化发展的相关研究。本丛书展示的一些成果就是关于新农村规划建设和城乡一体化发展的研究成果，这些研究成果力求为国家的需求，即新型城镇化和城乡一体化发展提供决策支持和技术支撑。北京大学为主持单位，同济大学、武汉大学、东南大学、中国科学院地理科学与资源研究所、北京师范大学、重庆市土地勘测规划院、华南师范大学、江苏和广东省规划院等单位参加的研究团队，在"十一五"国家科技支撑计划重大项目"村镇空间规划与土地利用关键技术研究"的基础上，开展了"十二五"国家科技支撑计划重点项目"村镇区域空间规划与集约发展关键技术研究"。紧密围绕"土地资源保障、村镇建设能力、城乡统筹发展"的原则，按照"节约集约用地、切实保护耕地、提高空间效率、推进空间公平、转变发展方式、提高村镇生活质量"的思路，从设备装备、关键技术、技术标准、技术集成和应用示范五个层面，深入开展了村镇空间规划地理信息卫星快速测高与精确定位技术研究、村镇区域发展综合评价技术研究、村镇区域集约发展决策支持系统开发、村镇区域土地利用规划智能化系统开发、村镇区域空间规划技术研究和村镇区域空间规划与土地利用优化技术集成示范等课题的研究。研制出2套专用设备，获得13项国家专利和23项软件著作权，编制22项技术标准和导则，开发出23套信息化系统，在全国东、中、西地区27个典型村镇区域开展了技术集成与应用示范，为各级国土和建设管理部门提供重要的技术支撑，为我国一些地方推进城乡一体化发展提供了决策支持。

新型城镇化和城乡一体化发展涉及政策、体制、机制、资源要素、资金等方方面面，受自然、经济、社会和生态环境等各种因素的影响。需要从多学科、多视角进行系统深入的研究。这套丛书的推出，旨在抛砖引玉，引起"学、研、政、产"同仁的讨论和进一步研究，以期能有更多更好的研究成果展现出来，为我国新型城镇化和城乡一体化发展提供决策支持和技术支撑。

中国土地与住房研究丛书·村镇区域规划与土地利用
编辑委员会
2016年10月

前 言

在农村发展叙事中,存在一个有趣的现象,即言必提"城市"。反观城市发展的诉求,其中却并没有农村的位置。这一现象的背后隐含着一个发展逻辑:在乡村发展进程中,城市被视为乡村变革能否称为"发展"的重要标杆。在城市化的起步和加速阶段,农村发展更多是为了支持城市化,为其提供农产品以及劳动力、资本、土地等一系列资源,甚至于还可以通过诸如"剪刀差"式的制度设计进一步推动城市化进程。在城市化之后,农村发展则普遍以城市为参照。尤其是在转型发展的今天——中国工业化和城镇化进程快速推进的背景下,农村发展研究关心城乡之间日益扩大的差距,谋求城乡统筹与城乡一体化;关心农民工的候鸟式迁移,谋求农民市民化;关心土地利用的效率,谋求居住社区化。总而言之,"向城市看齐"的路径强调农村发展对城市的依赖,表现出极为显著的被动性,并成为"回不去的乡愁"。

与农村"向城市看齐"的期盼相比,农村发展的现实并不让人如此乐观。农业发展的相对滞后迫使大量青壮年劳动力进城务工,农业现代化首先面临着劳动力需求的年龄结构问题。而教育水平较低和技能培训不足使得进城务工的农民工还需要面对劳动力供给的技能差异问题。在大部分农村地区,人口持续流失使农村发展失去最为基本的活力。需求的总量减少和空间分散化进一步给基础设施和公共服务设施的配置增加巨大的难度。据统计,过去10年间中国年平均减少村委会7700多个。农村的发展空间正不断重构,分散的农村与作为集聚和效率产物的城市在空间上正不断相互渗透、融合。

20世纪80年代中后期,加拿大学者McGee在长期观察东南亚国家区域发展路径的基础上,提出了 Desakota 发展模式,可译为城乡融合区。Desakota 概念的重要意义在于改变了发展进程中"城—乡"对立的二元式空间认知,指出城乡的边界是模糊的,二者之间存在着渐进式的过渡区域。这一区域的发展并非全然受到城市或乡村发展的主导,农业活动和非农活动、农业人口和非农人口均在这一空间内高密度重合。这就使得区域发展方向具备多样化路径。结合中国的具体发展实际来看,村镇区域无疑具备了鲜明的 Desakota 特征。

村镇区域可以理解为以乡、镇等区域为核心,囊括周边农村地域单元的空间范围。在这样一个空间内,农业和工业、城市和乡村、农民和土地之间的联系无疑是多元而且复杂的。正是这种关系组合的复杂性才给这一区域的发展提供了更为多元化的道路。村镇区域的发展不等同于小城镇发展,不一定过分依赖于非农化等一系列充满城市中心主义倾向的路径;而村镇区域的发展也不等同于农业现代化,乡镇对非农人口的吸纳为承载多样化的产业活动奠定了基础。由此看来,在中国现阶段发展面临大城市病、中小城市吸引力不足、农村发展乏力的情况下,作为过渡地带的村镇区域发展具有十分重要的意义。尤其是当下进城务工农民开始出现回流倾向,流动人口的省内迁移快速增长达到与省际迁移相当的程度,成为支撑城镇化进程的重要力量时,充分发展村镇区域能够为培育中小城市的吸引力、提升农村发展动力发挥至关重要的作用。

除此之外,村镇区域发展的多样性能够较好地兼顾中国区域不均衡所导致的差异化发展需求。事实上,作为过渡地带的村镇区域,其核心是城乡联系的综合体现。村镇区域至少包含了两个层次的城乡联系:一方面在较大尺度下反映出核心乡镇在城乡联系之中的地位。这在一定程度上决定了村镇区域发展的潜力与方向;另一方面在区域内部反映出乡镇与周边农村地区之间的联系,决定了村镇区域自身发展的内在动力。由此看来,村镇区域的发展应当是区域内外部力量综合作用的结果。在这一过程中,既有城市发展对乡村的带动与冲击,也涵盖了村镇发展的固有属性和内在要求。

目前,中国在村镇区域发展与规划方面还面临着一系列问题亟待解决。首先,在村镇区域建设"遍地开花"的现状下,缺乏对村镇区域发展机制的系统认识。在战略方向上虽然强调城乡统筹,但是发展思路仍是"以城统乡"为主,对村镇区域空间结构复杂性与发展路径多元性的探讨还有待深化。其次,村镇区域发展规划技术多套用城市规划方法,忽视村镇区域固有属性和动态变化,缺乏对区域内部发展动力的评估,更多关注来自区域外部的城市发展的辐射与带动作用。第三,对村镇区域的空间布局倾向于城市空间结构,一味强调集中与效率,在建筑与设施的种类、规模和功能定位上极易产生偏差,脱离村镇区域的实际需求与承受能力,极易导致设施闲置、资源浪费等问题。

基于此,本书旨在从理论、现状和技术三个层面系统梳理村镇区域的发展路径多元性和空间结构复杂性,从而为村镇区域的发展和空间优化提供理论基础和方法参考。首先,以乡镇为核心并囊括周边农村地区的村镇区域为分析城乡联系作用下的人口、产业、制度、权力关系等变革提供了良好的空间尺度。其次,村镇区域在提供认识基础的同时,也提供了发展路径的分析框架。对人口、资源和要素在村镇区域内外的流动分析能够为村镇区域的发展方向定位提供重要的参考。第三,村镇区域的发展是人口、产业和土地之间的综合协调。"人口—产业—土地"三者之间的复杂联系之间决定了村镇区域的发展是否能够走上良性循环的路径。通过"农业现代化—农村社区化—设施均等化—土地集约化"是村镇区域发展的可行路径,亦是村镇区域发展空间优化的主要方向。

本书第一章和第二章分别综述了国内外乡村发展的理论视角和空间优化的经验与启示。在此基础上,第三章提出了村镇区域发展所面临"产业—人口—土地"综合问题框架,并以此框架梳理了工业化、城镇化和人地关系等与城乡发展紧密相关的热点问题在村镇区域这一过渡地带中的表现、特征与演化。通过前三章的分析,不难看出村镇区域能够有效表达城乡过渡地带混合城镇发展要素和农村生产要素的区域特征,并充分体现区域发展走向的多种可能性。据此,第四章对村镇区域的意义、内涵、空间特征进行了具体的界定,进而确定了村镇区域的优化思路与技术路线。第五章着重探讨了村镇体系的构建技术,旨在体现村镇区域衔接城乡发展的过渡特征,探讨村镇体系与城市体系的区别与衔接及其对村镇区域发展和空间布局的总领作用。第六章至第九章则顺应"农业现代化—农村社区化—设施均等化—土地集约化"的技术思路,分别就村镇区域产业发展与空间引导、居民点格局评价与优化、公共服务设施空间优化布局以及土地利用综合效益评估四个方向提供技术指引和案例分析,为进一步实践村镇区域发展与空间优化提供技术示范。

本书是"十二五"国家科技支撑计划课题"村镇区域空间规划与土地利用优化技术集成示范(2012BAJ22B06)"的研究成果,由作者及研究团队共同完成。其中,第一章由毛熙彦和杨昕执笔,第二章由毛熙彦和贺贤华执笔,第三章由毛熙彦、刘鑫、李竞妍、任永欢、姚晓明执笔,第四章由毛熙彦执笔,第五章由赵瑜嘉和毛熙彦执笔,第六章由李竞妍、刘鑫和毛熙彦执笔,第七章由杨昕、贺贤华和毛熙彦执笔,第八章由王劲轲和毛熙彦执笔,第九章由马妍执笔,第十章由毛熙彦执笔。

限于作者的学识与能力,本书研究的深度与广度有待进一步深化。对书中不足之处,还望广大读者和学界同仁不吝指正。

作　者

2015 年 11 月 16 日于燕园

目 录

前言 / 1

第一章 国内外乡村发展理论进展与启示 / 1
  第一节 引言 / 1
  第二节 乡村发展模式演变 / 3
  第三节 西方乡村发展的理论进展 / 5
  第四节 中国乡村发展的理论特色 / 10
  第五节 西方乡村发展理论的启示 / 14
  参考文献 / 16

第二章 国内外乡村发展的政策与实践 / 20
  第一节 引言 / 20
  第二节 西方乡村发展的政策与治理 / 22
  第三节 中国乡村发展的政策与规划 / 26
  第四节 国内外乡村发展实践的对比与启示 / 30
  参考文献 / 32

第三章 区域视角下的中国乡村发展现状 / 35
  第一节 引言 / 35
  第二节 村镇区域的"产业—人口—土地"的问题框架 / 36
  第三节 城镇化背景下人口与乡村发展 / 38
  第四节 工业化背景下产业与乡村发展 / 43
  第五节 中国村镇区域发展的主要人地矛盾 / 48

第六节　启示：重建"产业—人口—土地"的良性循环 / 52

参考文献 / 53

第四章　城乡联系视角下的村镇区域及其空间优化 / 57

第一节　村镇区域的意义与内涵 / 57

第二节　村镇区域空间特征 / 59

第三节　村镇区域的空间优化思路 / 62

第四节　小结 / 65

参考文献 / 66

第五章　村镇体系构建与村镇发展定位 / 67

第一节　引言 / 67

第二节　村镇体系的内涵 / 68

第三节　村镇体系构建技术 / 70

第四节　村镇体系构建技术案例分析 / 75

第五节　小结 / 79

参考文献 / 80

第六章　村镇区域产业定位与空间引导技术 / 82

第一节　引言 / 82

第二节　产业空间布局优化方法与技术 / 83

第三节　产业空间布局优化技术案例分析 / 87

第四节　小结 / 101

参考文献 / 102

第七章　村镇区域居民点空间布局优化技术 / 103

第一节　引言 / 103

第二节　农村居民点空间布局优化方法与技术 / 104

第三节　农村居民点空间布局优化模式 / 107

第四节　居民点空间布局优化技术案例分析 / 109

第五节　小结 / 116

参考文献 / 117

第八章　村镇区域公共服务设施优化布局技术 / 119

第一节　引言 / 119

第二节　农村公共服务设施优化布局方法与技术 / 120

第三节　农村公服设施布局优化路径 / 123

第四节　农村公共服务设施空间优化布局技术案例分析 / 124

第五节　小结 / 131

参考文献 / 132

第九章　村镇区域空间优化土地利用评估技术 / 134

第一节　引言 / 134

第二节　基于土地利用综合效益的优化后评估 / 135

第三节　优化后评估技术案例分析 / 143

第四节　小结 / 150

参考文献 / 150

第十章　结论与展望 / 152

第一章

国内外乡村发展理论进展与启示

第一节 引 言

乡村发展是一个涉及多空间尺度、多利益主体、多问题维度的研究议题。因与社会经济发展阶段紧密联系,乡村发展的内涵在理论与实践层面难以统一。在城镇化水平普遍较高的西方发达国家,乡村发展关注农业发展模式的转变及其对乡村社会经济结构的影响。在发达国家的社会背景下(特别是欧洲国家),乡村发展不仅表现为创新的生产技术和组织模式对特色农产品生产的促进和农业生产率的提升,还表现在农民在生产过程中的角色变化和资源利用模式的重构(van der Ploeg et al.,2000)。相比之下,在城镇化起步的欠发达国家和城镇化加速的发展中国家,乡村发展的内涵往往与城市有关。例如,非洲各国普遍关注通过小城镇中心建设带动乡村发展(Baker,1990),而亚洲地区的乡村发展亦受到城镇化进程的剧烈扰动(McGee,1991)。与城市高度相关的乡村发展定义也在一定程度上导致了发展中国家的"城市中心主义"倾向。

乡村发展内涵的差异决定了发达国家和发展中国家的研究视角和理论存在差异,集中表现在以下三个方面:

(1)动力模式差异。乡村自身的变革及其内在动力是发达国家乡村发展的主要内容,侧重乡村景观管理与特色农业的发展。相比之下,乡村发展在发展中国家更多体现出"以城统乡"的思路,更多关注规模农业与土地利用。

(2)空间尺度差异。发达与发展中国家的乡村系统具有不同的尺度内涵。发达国家对乡村的认识并不局限于其满足周边城市发展基本需求的功能,同时还关注乡村如何通过食品供应链组织资源,并在更大范围内(甚至是全球范围内)协调农业生产(Marsden et al., 2000)。发展中国家的乡村发展更多保持在地方尺度,城乡联系占据重要地位。其乡村发展理论的变革体现的是城乡关系的变化。

(3) 资源组织差异。归结起来,乡村发展议题在发达国家和发展中国家的差异一定程度上源于资源矛盾的不同,表现在土地、劳动力、市场结构、技术水平、生态环境、城乡关系等方面。发达国家乡村发展理论强调各方的协同(synergy)与聚合(cohesion),而发展中国家的乡村发展则以解决主要矛盾为优先。

尽管发达国家与发展中国家的乡村发展存在不同的特征,但对乡村发展的理解仍旧表现出部分共性特征。乡村发展模式与城市存在根本差异,却又与城市的发展紧密联系。乡村的内在特征是乡村发展理论的起点,但来自乡村之外的影响与联系往往对乡村发展产生至关重要的作用,决定了乡村发展模式表现为从外生增长向内生增长、再向新内生增长模式转变的路径。由此可见,识别发达国家与发展中国家乡村发展理论的共性与特性,有助于深化对乡村发展的理解,为本国乡村发展提供借鉴。

中国作为全球最大的发展中国家之一。快速城镇化进程中,人口持续从乡村向城市流动。据国家统计局公布的第六次全国人口普查主要数据公报(第一号),2010年末乡村人口6.74亿人,占总人口50.32%,比2000年减少1.33亿人。国家统计局公布的年度数据显示,2014年末乡村人口为6.18亿人,占全国总人口的45%。与此同时,大量农用地也迅速向城市用地转化。城乡之间的此消彼长成为过去三十年中国乡村发展的主要制约。在此背景下,中国乡村发展也立足于国情形成了有特色的理论。在"三农"(农业、农村和农民)问题的认识框架下,中国的乡村发展在城乡一体化、农村城镇化、农民市民化、农村社区化、土地整理、土地流转、耕地保护等方面形成了一系列理论成果。

本章作为全书的开篇,首先从理论层面切入,梳理乡村发展模式的"外生增长—内生增长—新内生增长"演化路径及其内涵。在此基础上,以动力模式、空间尺度和资源组织为主要维度,分别归纳了西方发达国家和中国的乡村发展理论特征。其中,着重剖析了发达国家在农产品供应链、多功能农业等体现协同性的理论特征以及中国在城乡统筹、乡村城镇化、农村土地利用等方面的理论成果。最后,研究通过对比中外乡村发展理论特征,指出处于转型发展时期的中国对乡村的认识不应局限于地方,在城乡联系占据重要作用的前提下,村镇区域是理解中国当下乡村发展重要的空间尺度。与村镇区域资源组织的混合性相适应,村镇区域发展的内涵则应当多元化,避免城市中心主义倾向。

第二节 乡村发展模式演变

追溯发达国家的乡村发展脉络,就不难发现乡村发展模式大体经历了从外生到内生、再到新内生发展模式的演化过程(Galdeano-Gómez et al.,2011;Gkartzios and Scott,2014)。由于乡村发展往往嵌入在与城市的关系之中,乡村发展模式的变化实质上体现的是城乡关系的演化。较为典型的是欧洲国家的乡村发展路径。战后的欧洲以工业化为主要的发展模式,强调集聚和规模经济发挥的作用。为了便于产业政策的制定,城市与乡村划分基于明显的功能界限,两者扮演着不同的角色:城市发展工业和服务业,农村发展农业。乡村定位是为不断扩张的城市提供基本品以促进城市经济的发展,属于区域"核心—边缘"结构中的边缘。在此定位下,乡村发展的动力主要来自于外部:城市被视为区域发展的主要动力,而乡村发展则依赖于中心城市的带动。非洲在20世纪90年代以来乡村发展的尝试与这一路径颇为相似(Baker,1990)。

在外生发展模式下,农业产业活动是乡村经济文化的中心。乡村的主要功能是生产农产品。相应地,农业生产力和农业政策支持是乡村发展的决定性因素。外生发展模式认为乡村发展主要依靠城市需求驱动。因此,提高农业生产力、促进劳动力和资本在城乡间的流动,是乡村发展的关键。然而,二战后迎来的经济增长在20世纪70年代末停滞,完全依靠吸引城市产业外迁的做法变得不如人意。同时,在农业发展空间不断被挤压的现实情况下,后续的理论不再认为农业是乡村的核心竞争力。外生增长模式过度依赖外部政策和补贴,而这期间乡村发展相关的政策主要为农业产业政策,因此容易导致发展局限于特定产业(主要为农业),导致乡村其他方面发展严重滞后。此外,外生发展模式对于乡村本地人力资本和技术积累并无助益(Amin and Thrift,1995)。

由于过度依赖外部动力的发展模式不可持续,强调依托本地资源的内生发展模式逐步受到关注。外生发展模式以产业组织为核心,强调产业联系在带动区域发展过程中的作用。相比之下,内生发展模式侧重于资源利用与组织形式,尤其是乡村对不可移动的、具有高度地方化特征的要素禀赋。地方化特征决定了乡村发展的比较优势,有利于塑造本地竞争力。内生增长模式强调充分整合和利用本地的各类资源,从而为发展创造更大的乘数效应(Bryden and Dawe,1998)。值得注意的是,"发展"的内涵在内生发展模式中又进一步拓展。其不再囿于经济发展水平的变化,更强调乡村居民生存状态的改变(Keane,1990)。例如,欧洲在普遍推行乡村内生发展模式后,乡村发展的政策对象逐步从产业支撑向区域协调转变。乡村发展理论也开始朝着城市与乡村的空间、社会和经济关系纵深(Papadopoulos and Liarikos,2007)。

表 1-1 乡村发展模式对比

	外生模式	内生模式	新内生模式
核心原则	规模经济和集聚经济	充分利用所有本地资源、可持续发展	本地与全球化力量的互动；本地制度能力建设
发展驱动力	城市增长极（乡村外部的驱动力）	乡村内部动力：本地居民和企业	全球化：通信技术的高速发展
乡村功能定位	为不断扩大城市区域提供食物和其他初级产品	多样化的服务业经济	知识经济：本地资源充分融入本地和外部网络，参与区域发展过程
乡村发展的主要障碍	生产效率低下；在区域发展中被边缘化	本地缺乏支持多样化经济发展的能力（实物资本、人力资本、基础设施）	全球化背景下的资源配置和竞争力培育
发展重点	农业现代化：鼓励劳动力和资本的流动	能力建设：技术、制度、基础设施	提高本地能力和本地经济在全球化经济中的参与度，从而更有效地利用本地和外部力量，促进本地发展
主要批评	过分依赖外部动力；扭曲和千村一面的乡村发展模式	在目前发展阶段的欧洲乡村，可行性较低	该模式实施的尺度尚且模糊（本地、区域、全球），缺乏有力的实证研究

资料来源：根据 Galdeano-Gómez et al(2011)整理。

随着全球化进程的不断推进，乡村发展表现出日益显著的开放性与多元性特征。这使仅强调地方化特征的内生发展模式难以满足发达国家乡村发展的理论需求。批评者指出，全球化背景下完全依靠本地资源和市场的自给自足模式并不现实(Lowe et al.，1993)，乡村企业的成功多取决于更大的市场范围。乡村内部的各类要素以及地方、区域、全国甚至全球范围的各类要素之间的组合与联系是解释乡村发展差异的关键(Bryden and Hart, 2004)。为此，以乡村网络视角为代表的新内生模式自 20 世纪 80 年代末以来得到较快发展，对乡村发展的理解逐步从内生增长模式走向新内生增长模式。

新内生发展模式认为，乡村发展是外部力量和地方力量共同作用的结果。但地方力量是乡村发展的关键，而乡村体制的完善是地方力量的重要组成部分。完善的乡村体制有助于促进信息和物品的流通，实现在更大范围内整合资源、扩大生产并拓展市场，促使乡村在全球市场中具有竞争力(Ward et al.，2005)。总体而言，新内生发展模式综合了外生发展模式的系统观和内生发展模式的动力机制。其以地方化特征视为乡村参与区域竞争与协作的基础，关注其具备利用与整合资源能力的空间范围。新内生发展模式的实质反映的是"全球—地方"联系的系统观。这一特征在城市与区域研究中已有较为广泛的运用。但是在乡村领域,较有代表性的是基于食品供应链的乡村发展研究。

第三节　西方乡村发展的理论进展

西方乡村发展面临着一系列前所未有的变革与挑战,表现在农业转型、逆城市化、设施与服务短缺、生态环境退化等(McAreavey and McDonagh,2011；Champion and Brown,2012)。在西方学者的研究中,乡村发展则一直以来被视为对二战后农业技术、经济和政策模式变革的响应(Brunori and Rossi,2000)。然而随着农业现代化模式在当今发达国家乡村发展中产生了一系列问题,西方乡村发展理论逐步从以农业为核心的现代化发展路径逐步转向以协同为核心的多元化发展路径。

二战以来相当一段时期内,农业现代化被视为乡村发展的核心动力。但随着乡村的人口、资源,以及城乡关系在发展进程中发生变化,片面追求农业现代化的发展模式招致诸多批评,集中在：① 农业现代化模式将农业生产视为乡村发展的核心,忽视了乡村的其他功能；② 农业现代化追求专业化和规模化的农业生产方式,使得家庭作为乡村社会组织的重要性进一步下降,推动了劳动力从人口向城市转移,削弱了乡村社会的人口基础,从而给乡村的可持续发展留下了隐患；③ 规模化和机械化的高强度农业生产对乡村生态环境的扰动较大,加剧了土壤污染、水污染、森林退化、水土流失、生物多样性丧失等问题,削弱了乡村实现可持续发展的资源基础；④ 在现代化的模式下,农业和乡村社区通常是分离的。发达的现代农业对乡村的学校、医院和其他公共服务的提升并无显著贡献。

由此可见,农业现代化的发展模式在一定程度上决定了乡村发展的外生模式。在区域整体发展进程中,农业在经济结构中的比重势必逐步下降。加之人口外流与环境基础削弱,乡村发展的内生动力将逐步丧失。这也导致乡村发展不得不依赖于城市发展的辐射作用,或是被动受到郊区化或逆城市化进程的影响。同时,乡村发展的被动性也迫使政府进行政策干预以推动乡村发展。普遍的做法是直接鼓励城市将一部分功能分散至周围的乡村。例如,英国和爱尔兰政府利用税收减免和补贴等方式鼓励跨国公司或国内大型企业将部分生产活动迁至乡村(Dobson,1987；Grimes,2000)。由此可见,西方乡村发展模式从外生向内生的转变,需要建立在一系列超越农业现代化模式的理论框架之上。在此过程中,乡村发展理论在动力模式、空间尺度和资源组织模式上都有显著变化。

一、动力模式变化：小农经济的回归

小型家庭农场是早期乡村主要的生产与生活组织形式。随着农业现代化模式的兴起，小型农场因其难以实现专业化分工和规模化生产而一度被视为落后的生产组织方式。然而，舒尔茨（Theodore W. Schultz）在1964年发表的里程碑式著作《改造传统农业》中，强调传统的小型农户具备合理且灵活分配资源的能力。农户能够针对市场情况及时作出反应，调整资源配置。舒尔茨指出，早期小农经济所表现出的效率低下并非源于要素配置效率不足或隐性失业等因素，而是由技术局限、生计模式和要素供求状况所决定的（舒尔茨著，梁小民译，2006）。为此，改造传统农业的关键在于引进现代农业生产要素，对农户进行人力资本投资，并非颠覆小农经济。Berry和Cline（1979）提出了农场规模和经济效率的倒"U"型关系，指出家庭农场能够较为高效地利用资源。联合国粮农组织2014年发布的报告"*Family Farmers: Feeding the world, caring for the earth*"中亦指出，小农具备较高的生产率。例如，美国的家庭农场利用78%的农田完成了农作物总产量的84%。类似的，巴西家庭农场所占用的农田不到25%，其产量却占全国总产量的40%。

自20世纪70年代以来，发达国家乡村发展逐步偏离规模化思路，逐步向小型农场回归。值得注意的是，这种转向并非对过去生产组织方式的重复。其表现为从所谓"绿色革命"（即追求粮食增产的农业发展目标）向"生态集约"转变（UNCTAD，2013）。告别单一的、高度依赖外部投入的产业化发展模式，代之以由小规模农户组成的可持续、可再生的产业体系。家庭农场的模式之所以与可持续、可再生的目标相适应，一方面在于其灵活性，由于家庭农场的生产规模普遍较小，其更容易根据各要素的相对稀缺性对资源进行替代和重组，从而更加灵活地应对自然灾害和市场波动带来的冲击。小规模也意味着生产经营与土地管理的灵活性，最大限度地发挥土地的生产潜力；另一方面在于其多样性。当区域由小规模农场组合而成时（mosaic），区域内的农业生产就具备多样化的生产结构和生态景观。区域的多样性一方面有助于抗击市场和环境变化带来的风险；另一方面也为保护乡村的地方性奠定了良好基础。此外，以家庭为单位组织生产的家庭农场能够有效兼顾生产与生活的关系，保证乡村发展必要的人口基数，避免了农业现代化模式中农业发展与乡村社会脱节的缺陷，有助于乡村社会空间的组织与协调。

二、空间尺度变化：网络视角

随着全球化进程的推进，区域之间的联系日趋紧密。网络视角为理解区域之间的社会经济联系提供了有效的工具,一系列围绕"链""网络"的概念应运而生(Urry,2000)。网络理论的应用之初聚焦于全球范围内城市之间的联系,而乡村往往被置于网络的边缘,并未受到太多关注(Castells,1996;Murdoch et al.,2000)。直到20世纪90年代中期,网络理论才逐步被引入乡村发展研究中(Amin and Thrift,1995;Lowe et al.,1995)。

从乡村发展的特征看,网络视角的引入有其必然性。由于城乡之间的复杂联系,无论在内生还是外生发展模式下,乡村发展不可避免地嵌入于城市发展的进程中。换言之,乡村发展存在内在动力和外在动力,其影响因素同样也具有内外之分。为此,乡村发展同样位于一系列不同范围的内外联系中。从固有的城乡联系,到如今全球化进程中的全球商品链,乡村发生联系的范围同样在不断扩大,涉及的利益主体也不断增多,日益趋近于网络视角的适用条件。

依据网络的组织方式,乡村发展涉及的网络分为以产业为依据的垂直网络和以空间为依据的水平网络。垂直网络主要为农产品的商品链分析。丰富的土地资源是乡村区别于城市最明显的资源禀赋,而农产品生产则是乡村土地最主要的用途。Friedland等(1991)在商品链的基础上提出了专门针对农产品的分析模式,研究食品行业不同行动者的行为和相互关系。分析模式由5个方面构成,分别是:① 生产过程的特点;② 食品生产的社会经济组织构架;③ 劳动力的管理和组织模式;④ 商品链中科学技术的作用;⑤ 市场结构和分配机制。过去农产品商品链结构很大程度受农产品自身属性的影响(如生菜和西红柿容易腐烂,难以长期储存和长途运输等),但这种影响随着运输技术进步而弱化。因此,网络视角更倾向于社会经济因素对农产品商品链的影响。从权力关系的角度理解,商品链是资本重塑自然、经济和社会格局并提取价值过程的产物(Busch and Juska,1997)。商品链结构实际上取决于商品的价值结构而非自然属性。例如,随着全球化力量的不断深化,商品链的结构也发生改变,越来越多的农产品商品链被大型跨国公司主导。

另一些学者则试图跳出政治经济学对网络的单维度解释,强调乡村社会环境,尤其是乡村性(rurality)对农产品网络的影响。Whatmore和Thorne(1997)认为,构成农产品网络的各个元素只能在特定的社会环境中以特定的方式组合。如果乡村社会背景发生变化,网络结构势必不同。他们主张运用行动者网络理论(Actor-Network Theory)分析农业发展与乡村社会背景之间的相互作用。与商品链分析框架不同,行动者网络理论认为农产品网络的发展与其所处的社会背景密切联系、相互影响且共同演化。例如,在有机农业的影响下,农民和乡村自然环境在农产品网络中的地位得到提高。人们将更加重视农产品的质量,包括生产过程质量、生态质量、品牌质量、消费者体验(营养价值和口味)等。在此背景下，乡村的自然人文环境成为提供高质量农产品的关键。

乡村发展的水平网络横跨整个乡村非农经济部分，致力于将发生在乡村的一系列活动联系起来，从而提高本地行动者进入市场和获取其他资源的能力。乡村发展的水平网络具备以下3个特点：① 乡村网络的形成依赖于乡村的自然资源；② 乡村网络嵌入于本地原有的农业生产网络和社会文化网络；③ 由于乡村居民点布局分散，人口密度低，因此乡村网络在空间上延伸距离较城市网络更长。

创新网络是乡村发展水平网络的典型。传统网络反映的是市场结构，而创新网络反映的则是创新能力在空间上的分布。一般认为，创新能力来源于企业与其他组织或个体合作所交换的知识和信息。因此，空间上的邻近性对创新而言至关重要。对乡村的研究表明，长期居住在本地的农户间会形成基于信任和合作的社会网络，从而有利于乡村经济活动的创新和非农产业的多样化（Cooke and Morgan，1993）。此外，乡村地区的生产网络由众多小规模、多样化和专业化的生产组织构成，而非由个别大型公司主导，这也有利于知识和技能沿着乡村创新网络广泛地传播扩散。

三、资源组织变化：农业多功能性

随着协同（synergy）逐步取代现代化成为的乡村发展的核心理念，多功能性的概念逐步被引入乡村发展议题中，用于整合农业与土地利用过程中的经济功能、社会功能、生态功能以及文化功能（OECD，2001；Brandt，2003；Mander，2007）。多功能性旨在强调农业在农产品生产之外的非农产出（non-commodities），兼顾土地保护、粮食安全、生物多样性、休闲旅游等积极功能，或是污染、土壤侵蚀、生境退化等消极影响。农业多功能性的概念框架一方面适应于乡村可持续发展的目标，另一方面也与乡村发展由强调农业增产向资源整合的转变方向相契合。

无论是在自然科学还是社会科学的研究中，多功能性都有其理论基础与增长点。从经济发展的角度看，农业的非农产出部分或完全具有公共品属性，进而导致市场机制无法有效配置资源或充分反映成本（Refsgaard and Johnson，2010）。这使得农业多功能性具有一定的公共政策属性，为政府通过政策手段干预农业发展奠定了理论基础。从景观生态的角度看，多功能性体现在既有生产和生态功能的基础上，增加对社会、经济、文化、美学功能的分析，综合考虑功能之间的整合、协调与表达，从而用于生物多样性保护、气候变化应对和可持续发展等领域的研究中。

农业多功能性的引入对于乡村发展研究的影响是多元的，表现在从传统的单一功能评价向多功能协调发展的方向转变；从传统的规律分析、模型方法向政策研究和规划设计的方向转变；以及从传统的单一学科视角向多学科交叉的方向转变(Fry，2001)。建立在农业多功能性的基础上，现有研究更为全面地揭示了农业发展政策对于农村发展的有效性。一般认为，农业补贴政策能够激励劳动力和资本向具有更高回报率的产品类型流动，促进乡村经济发展。而在多功能性框架中，研究同时指出农业补贴政策能够有效提升环境质量和整体生计水平，有助于进一步建立经济发展的正循环(Refsgaard and Johnson，2010)。此外，在多功能性的框架下有助于协调不同农业发展政策之间的联系。现有研究发现针对多功能性的政策效果大于针对独立目标的政策效果之和(Gimona and van der Horst，2007)。

总体而言，多功能性实际上试图勾勒出乡村发展内在的功能联系，并为乡村土地、劳动力、技术和自然环境等资源的优化组合提供理论和方法参考(Knickel and Renting，2000)。一方面，多功能性较好地契合了乡村发展的多空间尺度、多行为主体、多问题维度特征，也较好地体现出乡村发展对协同作用的强调。这其中包括人类活动与生态系统之间的协同，农田类型与产品或服务之间的协同，生产与生活之间的协同，发展潜力与既有基础之间的协同，以及不同尺度之间的协同等(van der Ploeg，2000；Knickel and Renting，2000)。另一方面，多功能性避免了对农业发展的单因素或单向因果分析，建立起了农业发展和乡村发展之间的复杂联系。例如，传统的农业发展分析过分关注成本-收益分析，追求农业产量和效率的提升，忽视了农业之外的变化对于农业发展具有显著影响。这一局限与问题尺度密切相关。多功能性的贡献恰恰在于拓宽了农业发展研究的视角与尺度。

综上所述，随着发展阶段与社会需求的变化，西方对乡村发展的理解表现出由单一向多元的转变，从追求经济效率的改善转向综合效益的优化，从生产生活的空间载体转向关系网络的空间抽象。内涵的变化决定了影响发展的因素趋向综合，表现出更为显著的复杂性。乡村发展的理论建构在动力模式、空间尺度和资源组织均发生显著变化。三者之间相辅相成。动力模式从外生向内生的转变，决定了乡村资源重组对于发展的重要作用。而空间尺度的变化将对资源组织模式及其效率产生直接影响。具体而言，西方乡村发展理论强调了农业在乡村发展过程中的核心作用，明确了小农在农业生产中的主体地位。从农业现代化向协同发展的模式转变，可持续性是核心主题。农业多功能性的概念拓展了农业发展研究的视角与尺度，为乡村可持续发展提供了重要的理论框架。而网络视角的引入则为日益走向多问题维度、利益主体和空间尺度的乡村发展研究提供了方法参考。此外，西方乡村发展理论在致力于建构对多元综合理解的同时,也强调其对于发展政策设计与评估的现实意义。

第四节　中国乡村发展的理论特色

改革开放以来近四十年的快速发展历程中,中国的工业化、城镇化和全球化对于区域发展产生了显著的影响。在空间上表现为城市单元快速发展并吸引劳动力和资本快速集聚,城市边界持续扩张,区域差异进一步扩大。乡村发展在城乡差异和区域差异的共同作用下表现出一系列矛盾,包括人口持续减少、农地向城市用地转化迅速、土地闲置现象严重、农业发展缓慢、设施配套困难、公共服务供给不足等。随着城镇化进程的逐步放缓,城市的人口吸纳能力与资源利用能力在削弱,农村发展的矛盾日益凸显。区域发展的不均衡则进一步放大了乡村发展所面临的困难。直观而言,发达地区的乡村走向城市、欠发达地区的乡村因动力不足而凋敝。城镇化发展所引发的乡村衰退速度快于城市对人口的吸纳能力,成为现阶段"三农"问题的根源之一,是城乡发展所共同面临的问题。

从发展动力、空间尺度和资源组织三个层面看,中国乡村发展的理论表现出与西方国家不同的特色。在发展动力上,中国乡村发展表现出显著的外生增长模式和"城市中心主义"倾向。乡村发展在很大程度上受到城市的影响。一方面,表现在乡村在非农化发展路径的诸多尝试。另一方面,表现在对乡村发展的关注聚焦于城市对乡村的带动作用,且更多表现为城市对乡村的同化。这些集中表现在中国对乡村城镇化和工业化理论的探讨。在空间尺度上,从城乡二元式结构向城乡统筹的转变,体现出对乡村系统边界认识的逐步扩展,并且在经济联系、制度政策、空间结构等诸多方面试图改变城乡二元认识。而在资源组织方面,中国乡村发展聚焦于土地利用,围绕土地流转、耕地保护、土地整理、农村空心化等展开了大量探索。

一、动力模式:乡村城镇化与农村工业化

中国的城镇化进程突出表现为政府主导、大范围规划、整体推动等"自上而下"特征(李强等,2012),政府在这一过程中发挥着举足轻重的作用,与西方国家基于市场力量所主导的城镇化形成鲜明对比。然而在中国城镇化路径的诸多尝试中,同样存在依托基层力量的模式,即乡村城镇化与农村工业化。乡村城镇化是乡村地域单元"以乡镇企业为主体的经济与劳动力转化和建立农村城市(小城镇)而呈现的集聚型城市化"(崔功豪和马润潮,1999)。在理论与实践研究中,被称为"自下而上"城镇化。"自下而上"既表现在城镇化发生的地域空间上,也表现在行政体制的等级上。然而就动力机制而言,乡村城镇化实质上具有一定的混合性特征。一方面,农民的群体决策与自筹资金是乡村城镇化的主要动力;另一方面,各级政府在乡村城镇化进程中依旧发挥重要影响。

乡村城镇化是探索就地城镇化的模式之一,也是早期解决"三农"问题的主要尝试之一。乡村城镇化的核心动力实质在于农村自发的工业化(赵新平和周一星,2002),表现为乡村地域单元内通过非农产业的发展就地吸收剩余劳动力,推动乡村经济的发展,最终表现为分散化的小城镇发展。而在非农产业中,以乡镇企业为载体探索工业化发展的模式是中国乡村城镇化路径的特殊之处。案例研究据此归纳出了一系列乡村城镇化与农村工业化模式,如苏南模式、温州模式、珠江三角洲模式等。在自上而下城镇化的进程主要依托于政策推进的背景下,乡村城镇化通过发展乡镇企业缓解了农村剩余劳动力的就业压力,在一定程度上促进了农村劳动力结构的优化。

随着理论研究的深入,越来越多的学者意识到乡村城镇化与农村工业化是适应于特定发展阶段的产物,但在转型发展时期其并非可持续发展的选择。一方面,城市的规模经济与集聚效应是工业持续发展的重要基础。因此,农村工业化理论上势必难以依靠市场机制推动,摆脱对政策的依赖。实证研究结果表明,乡镇企业在缩小城乡收入差距的作用逐年递减,且在1998年之后已不显著(钟宁桦,2011)。另一方面,乡村城镇化与农村工业化并不具备普遍性。乡镇企业、农村工业化是一定历史条件下城乡隔离制度的产物(贾绍凤,1998),在空间上也只局限于少数相对发达的地区,而更多的乡村在城市发展的进程中逐渐衰退。在此基础上,学者们开始转向如何保障人口和要素在城乡之间充分流动,探索市场机制作为城乡发展内生动力的路径,实现"自上而下"与"自下而上"城镇化的融合。

二、空间尺度:城乡二元结构的转变

长期以来,中国的区域发展建立在清晰的城乡二元划分认识基础之上。一方面,城乡经济发展的固有特征存在差异。城市以工业和服务业为主,表现出集聚经济特征;而乡村则以典型的小农经济为主,分散化特征显著。另一方面,在规划与制度设计过程中,城市和乡村往往被视为两个泾渭分明的主体。土地所有制通过城市土地国有、乡村土地集体所有对城乡进行了区隔,户籍制度通过划定非农与农业户口对城乡进行了分类。此外,城市发展表现为政府主导的自上而下城镇化进程,而乡村表现为政府、乡镇企业和农民共同推进的自下而上城镇化进程。

城乡二元结构是城镇化发展初期"重城市、轻农村"发展模式的产物。特别是依靠行政力量主导的城镇化进程中,城乡分治为集中资源发展城市奠定了基础,同时也在一定程度上挤压了乡村发展的资源与空间。然而,乡村和农业发展的滞后导致"三农"问题日益显著,进而影响城镇化动力。为此,城乡统筹与城乡一体化在中国转型发展时期成为理论和政策研究的热点。城乡统筹的基本思路在于建立以工促农、以城带乡的机制,构建城乡互动的良性循环。在空间尺度上,城乡统筹与城乡一体化的显著进步表现在要素配置层面,强调从城乡联系的区域层面对生产要素和基础设施进行优化配置。这也为从理论层面打破城乡制度分割奠定了基础。

然而,城乡统筹与城乡一体化在实践中多体现为"以城统乡",依旧不可避免地体现出泾渭分明的城乡二元观,忽视了城乡联系应当是渐进的,存在过渡空间。首先,在经济主体上,发展中国家的农村生计方式是多元化的。兼业型的农户或农民的比重不断增加。直接表现在"农民工"群体的出现,及其在城乡之间的"候鸟式"迁徙特征。其次,在产业结构上,城市与乡村并不等同于工业主导与农业主导的分异。随着区域发展水平的变化,城乡的需求结构、市场范围都将发生变化。城乡之间的产业分工具备多元化特征,并不可一概而论。第三,在发展空间上,城乡之间并不存在清晰的边界,而是大片城乡景观混合的过渡空间。McGee(1991)针对亚洲国家城镇化而提出的 Desakota 模式对此给出了有力的证据。

总体而言,中国乡村发展理论在不同层面试图打破城乡二元结构的认识基础,从城乡联系的视角建立对乡村发展的理解。这一趋势与西方乡村发展理论的变化特征类似。现阶段,城乡二元结构的变化主要集中在固有的制度领域,包括户籍制度、土地制度、产业政策、社会保障等。然而,总体上对城乡之间的过渡性讨论并不充分,导致了实践过程中对于城市郊区和小城镇的发展存在定位困难等问题(石忆绍,2003)。

三、资源组织:农村土地利用

资源问题一直是中国乡村发展研究关注的焦点,强调因地制宜的资源组织方式提升资源利用效率。早在 20 世纪 80 年代,中国侧重于自然、生态和经济条件的潜在制约,形成了一系列农业区划成果用于指导农业生产。众多农业资源研究中,土地利用问题受到广泛关注。尤其是在城镇化进程中工农关系和城乡关系发生根本转变的背景下,如何调整土地利用方式提升用地效率、促进土地集约节约利用,成为中国乡村发展理论的核心内容。相关研究量多面广,涉及土地流转、耕地保护、土地整理等方面。

从用地类型上看,土地资源的组织集中在农用地与建设用地两方面。农用地利用一方面涉及耕地保护与粮食安全等问题,另一方面则聚焦于农地流转和规模化经营。这一领域的研究与政策分析紧密联系。研究对耕地保护政策(如基本农田保护、占补平衡、增减挂钩等)的理论基础和成效进行了剖析(Lin and Ho, 2003; Lichtenberg and Ding, 2008; 钟太洋等, 2012), 对耕地保护的经济补偿机制与标准进行了测算(吴泽斌和刘卫东, 2009; 李广东等, 2011)。研究普遍从区域统筹的整体视角理解耕地流失的机制与干预, 而在干预机制上侧重于市场机制的引入, 以及对农户行为的关注(毕继业等, 2010)。就农地流转与规模化经营方面, 土地流转的法理基础、运作模式、阶段特征、地域差异, 及其与农业现代化之间的关系吸引了大量的学科交叉研究。中国农村土地流转研究的兴起有其鲜明的现实背景。一方面, 土地流转是中国大力推进农业现代化对农业规模化和专业化要求; 另一方面, 大量农村剩余劳动力的产生使得家庭联产承包责任制部分导致了土地非充分利用(北京天则经济研究所《中国土地问题》课题组, 2010), 政府的作用、土地市场的发展、规模经营方式的选择都成为农地流转的研究核心。此外, 失地农民的社会保障问题也进一步引发了农地流转研究中对于效率与公平问题的强调(姚洋, 2000)。

在建设用地方面, 乡村建设用地在中国乡村发展的非农化过程中低效利用的现象日趋明显, 呈现出小、散、乱的现象, 部分地区甚至表现出典型的农村空心化现象(刘彦随等, 2009)。基于此, 乡村居民点整理研究涵盖了与乡村建设用地利用相关的主要问题, 成为中国乡村建设用地研究关注的热点。乡村居民点整理是一个理论与技术相结合的问题, 涉及工程技术、规划布局、产权调整、规模经济、社会影响等一系列维度, 包括居民点整理潜力、模式、规划与评价等主要内容(刘勇等, 2008)。大量研究从用地潜力、利用效率和空间形态等一系列角度论证了居民点整理对于提高农村土地利用效率, 支撑农业发展, 以及提升社会和生态绩效的积极意义(宋伟, 2006; 张占录和张远索, 2010)。然而, 更多的研究者同时也指出, 居民点整理并不仅仅是一个通过技术提升效率的问题, 还是一个与制度和民生密切相关的问题。特别是农村集中居住的实践过程中产生了一些不良后果, 激发了学者们对居民点整理模式与保障机制的关注(郑风田和傅晋华, 2007)。

总体而言, 中国乡村发展理论在一定时期内解释了中国城镇化进程中的乡村发展动力与机制, 是立足于国情并与制度和政策紧密联系, 基于案例与实证分析的模式探讨较多。在此过程中, 乡村发展表现出了高度非农化的特征, 劳动力流失日益严峻, 农业在乡村这一以农业生产为基础的空间单元并未受到足够的重视, 制度、政策与发展模式在城乡之间的二元分隔导致了乡村发展的一系列问题。工农关系、城乡关系的变化激发了乡村发展理论的转变, 表现为对引入市场机制的探索、从区域层面探讨要素与资源在城乡之间的流动、以土地为核心探索乡村资源利用的效率与公平问题。值得注意的是，尽管乡村发展理论与政策紧密联系，然而在支撑政策决策方面发挥的作用仍相对薄弱。可以预见，在现有的发展模式下，中国农业发展的区域化、基地化和乡村发展的城镇化与产业化特征将日趋明显（刘彦随和龙花楼，2011）。乡村发展理论亟待进一步发展为国家战略和政策干预做好理论准备和技术支撑。

第五节 西方乡村发展理论的启示

诚然西方发达国家与中国在乡村发展的阶段进展、主要矛盾和路径选择上存在较大差异，但总体上中国的乡村发展仍旧与西方发达国家存在相似之处，表现在城乡关系与工农关系、对外生发展动力的依赖以及依托于农业现代化的发展策略等。为此，西方发达国家的乡村发展理论，可为中国当下乡村发展理论与模式选择提供借鉴。具体表现在以下4个方面：

（1）农业在乡村发展中的地位。虽然西方发达国家普遍反思农业现代化强调规模化和专业化可能给乡村发展带来的负面影响，但农业是乡村单元发展的核心动力。在城镇化逐步放缓的背景下，乡村发展的可持续动力更多在于农业的组织、技术、产品等演进所释放的活力，并非一味追求农业向非农业的转化。反观中国乡村发展，当下农业发展基础无疑是薄弱的。无论是人力资本的积累、农产品市场的保障、农村资本市场的建设，还是农业生产技术的革新与转化，均存在不同程度的滞后。发展的天平过度向城市倾斜，势必将导致城乡发展均面临动力不足的问题。为此，中国乡村发展应当强化对乡村发展内生动力的考察，探索基于农业产业化、多功能农业的发展路径，避免过分依赖非农化而导致"城市中心式"的发展路径。

（2）农业现代化与小农经济的选择。农业现代化一度是欧洲与美国乡村发展的着力点，美国的农业现代化进程依托于其相对完善的市场经济体制，欧洲则通过一系列农业发展政策鼓励农业现代化进程。但值得注意的是，西方乡村发展研究已逐步意识到农业现代化的不利影响，包括对于可持续性、多样性的影响，尤其是规模化对生活环境和生态环境的冲击。另一方面，中国农业发展表现在农业产值的提高而非作物产量的提高。在此背景下，农业现代化所追求的规模化和专业化将产生严重的社会问题，使农民福利受损。相比之下，维持家庭农户的主体地位，发展农户合作组织形成"纵向一体化"将更适应于中国当下的乡村发展特征（黄宗智，2010）。此外，在从事农业生产经营的农户数量不断减少的情况下，农业生产规模势必将逐渐扩大，但中国的农地制度在一定程度上限制了农业生产规模的自然扩大。权衡之下，小农经济仍应是中国农业发展的主动选择(贺雪峰和印子,2015)。总体而言,农业现代化与小农经济的选择不仅仅在于生产效率之争,更在于农民生计、农地产权等一系列社会和政策改革。如何重新理解小农经济对当下中国乡村发展的影响是值得进一步探讨的理论问题。

(3) 城乡联系之间的过渡性。尽管城市与乡村在资源利用、产业组织、设施配套等方面存在着本质差异,但城市和乡村之间并不存在明确的边界。Desakota 理论的提出证实了这一特征。发达国家在乡村发展理论中对协同(synergy)的强调,以及对多功能农业的探索,更是从不同方面表明了"农"与"非农"、城市与乡村之间的过渡特征。中国当下的乡村发展理论,在打破城乡二元对立的认识基础方面进行了一系列探索,但主要集中在制度层面,包括户籍制度、土地制度等。但在要素和空间层面,仍较少体现出对过渡性的理解,导致了理论在实际运用过程中面临不少困难。例如,农民市民化、城中村、农村空心化等一系列问题实质上都体现了城乡之间在要素和空间上所存在的过渡性。要体现这种过渡性,势必需要进一步在新的时空尺度下拓展既有理论。

(4) 政府、市场与农民等主体的协调。发达国家乡村发展理论的变化充分揭示出乡村发展主体的多样性,政府、企业、农民等皆在乡村发展过程中发挥重要作用,并不存在特定的"最优模式"。例如,欧洲为鼓励乡村发展同样倾向于借助政策工具,政府力量在这一过程得到充分体现。但在 20 世纪 70 年代新自由主义盛行的时期,乡村经济发展逐步从国家主导转向市场主导。市场机制在提升资源配置效率,降低成本方面具有优势,但乡村发展作为经济、社会和生态相统一的综合议题,其不可避免具有公共品或准公共品的特征。市场失灵的情况难以避免,过分强调市场机制亦无益于乡村的可持续发展。因此,乡村发展过程中政府、市场与农民个体的协调是协同理论中重要的一环。长期以来,由于政府力量在中国乡村发展中占据重要地位,因而中国的乡村发展理论更倾向于强调引入市场机制的重要性。但是,对农民个体的行为与意愿考虑相对不足。乡村发展作为中国"自下而上"发展模式的重要代表,在未来的理论发展过程中更应当兼顾政府、市场和农民三者的互动与协调。

基于此,空间尺度的扩展将是本书讨论的基础。本书运用"村镇区域"这一概念,旨在以村镇区域这一尺度作为城乡关系过渡性特征的"容器",表征其承载的城乡关系、工农关系和人地关系变化,实现对乡村发展多空间尺度、多利益主体和多问题维度特征的表达。借鉴西方与中国的乡村发展理论进展,研究在村镇区域发展的分析中强调"自上而下"与"自下而上"的复合动力机制,关注城乡联系与乡村特征的共同作用所形成的乡村多元化发展路径。最后,村镇区域空间优化则依托于乡村发展理论在资源组织方面的进展,以"人口—产业—土地"的相互作用为核心,以土地综合效益的提升为目标,为村镇区域的空间优化提供方法参考。

参 考 文 献

Amin, A., Thrift, N. (1995) Institutional issues for the European regions. Economy and Society, 24(1): 121—143.

Baker, J. (1990) Small town Africa: studies in rural-urban interaction (Vol. 23). Nordic Africa Institute.

Berry, R. A., Cline, W. R. (1979) Agrarian structure and productivity in developing countries. Baltimore, MD: Johns Hopkins University Press.

Brandt, J. (2003) Multifunctional landscapes: perspectives for the future. Journal of Environmental Sciences. 15(2): 187—192.

Brunori, G., Rossi, A. (2000) Synergy and coherence through collective action: some insights from wine routes in Tuscany. Sociologia Ruralis, 40(4): 409—423.

Bryden, J. M., Dawe, S. P. (1998) Development strategies for remote rural regions: what do we know so far. In OECD International Conference on Remote Rural Areas: Developing through Natural and Cultural Assets, Albarracin, Spain (pp. 5—6).

Bryden, J. M., Hart, K. (2004) A new approach to rural development in Europe: Germany, Greece, Scotland and Sweden. Edwin Mellen Press.

Busch, L., Juska, A. (1997) Beyond political economy: actor-networks and the globalisation of agriculture. Review of International Political Economy, 4: 688—708.

Castells, M. (1996) The Rise of the Network Society. Oxford, UK: Blackwell.

Champion, T., Brown, D. L. (2012) Migration and urban-rural population redistribution in the UK and US. In Shucksmith, M., Brown, D. L., Shortall, S., et al. (eds) Rural transformations and rural policies in the US and UK, New York, NY: Routledge (pp. 39—57).

Cooke, P., Morgan, K. (1993) The network paradigm: new departures in corporate in corporate and regional development. Environment and Planning D: Society and Space, 11: 543—564.

Dobson, S. M. (1987) Public assistance and employment growth in the rural periphery: some issues in policy design and implementation. Geoforum, 18(1): 55—63.

Friedland, W., Busch, L., Buttel, F., et al. (1991) Towards a new political economy of agriculture. Boulder, Colorado: Westview Press.

Fry, G. L. A. (2001) Multinational landscapes: towards transdisciplinary research. Landscape and Urban Planning, 57: 159—168.

Galdeano-Gómez, E., Aznar-Sánchez, J. A., Pérez-Mesa, J. C. (2011) The complexity of theories on rural development in Europe: an analysis of the paradigmatic case of Almería

(South-east Spatin). Sociologia Ruralis, 51(1): 54—77.

Gimona, A., van der Horst, D. (2007) Mapping hotspots of multiple landscape fundtions: a case study on farmland afforestation in Scotland. Landscape Ecology, 22(8): 1255—1264.

Gkartzios, M., Scott, M. (2014) Placing housing in rural development: exogenous, endogenous and neo-endogenous approaches. Sociologia Ruralis, 54(3): 241—265.

Grimes, S. (2000) Rural areas in the information society: diminishing distance or increasing learning capacity? Journal of rural studies, 16(1): 13—21.

Keane, M. J. (1990) Economic development capacity amongst small rural communities. Journal of Rural Studies, 6(3): 291—301.

Knickel, K., Renting, H. (2000) Methodological and conceptual issues in the study of multifunctionality. Sociologia Ruralis, 40(4): 512—528.

Lichtenberg, E., Ding, C. (2008) Assessing farmland protection policy in China. Land Use Policy, (1): 59—68.

Lin, G. C. S., Ho, S. P. S. (2003) China's land resources and land-use change: insights from the 1996 land survey. Land Use Policy, 20(2): 87—107.

Lowe, P. J., Murdoch, T., Marsden, R., et al. (1993) Regulating the new rural spaces: the uneven development of land. Journal of Rural Studies, 9(3): 205—223.

Lowe, P., Murdoch, J., Ward, N. (1995) Networks in rural development: beyond exogenous and endogenous models. In van der Ploeg, J. D., van Dijk, G. (eds.) Beyond modernisation: the impact of endogenous rural development. Netherland: Assen (pp. 87—106).

Mander, U., Helming, K., Wiggering, H. (2007) Multifunctional land use: meeting future demands for landscape goods and services. Multifunctional Land Use. 1—13.

Marsden, T., Banks, J., Bristow, G. (2000) Food supply chain approaches: exploring their role in rural development. Sociologia Ruralis, 40(4): 424—438.

McAreavey, R., McDonagh, J. (2011) Sustainable rural tourism: lessons for rural development. Sociologia Ruralis, 51(2): 175—194.

McGee, T. (1991) The emergence of desakota regions in Asia: expanding a hypothesis. In: Ginsburg, N. B., Koppel, B., McGee, T. (eds) The Extended metropolis: settlement transition in Asia. University of Hawaii Press, Honolulu (pp. 3—25).

Murdoch, J., Marsden, T., Banks, J. (2000) Quality, nature and embeddedness: some theoretical considerations in the context of the foodsector. Economic Geography, 76(2): 107—125.

OECD. (2001) Multifunctionality: Towards and analytical framework. Paris.

Papadopoulos, A. G., Liarikos, C. (2007) Dissecting changing rural development policy networks: the case of Greece. Environment and Planning C: Government and Policy, 25(2): 291—313.

Refsgaard, K., Johnson, T. G. (2010) Modelling politics for multifunctional agriculture and rural development: a Norwegian case study. Environmental Policy and Governance, 20: 239—257.

UNCTAD. (2013) Wake up before it is too late. Trade and Environment Report. United Union.

Urry, J. (2000) Sociology beyond societies: mobilities for the twenty-first century. London, UK: Routledge.

van der Ploeg, J. D., Renting, H., Brunori, G., et al. (2000) Rural development: from practices and policies towards theory. Sociologia Ruralis, 40(4): 391—408.

van der Ploeg, J. D. (2000) Revitalizing agriculture: Farming economically as a starting ground for rural development. Sociologia Ruralis, 40(4): 497—511.

Ward, N., Atterton, J., Kim, T. Y., et al. (2005) Universities, the knowledge economy and 'neo-endogenous rural development'. Centre for Rural Economy Discussion Paper Series, 11: 1—15.

Whatmore, S., Thorne, L. (1997) Nourishing networks: alternative geo-graphies of food. In Goodman, D., Watts, M. (eds.) Globalising food: agrarian questions and global restructuring. London, UK: Routledge (pp. 235—247).

北京天则经济研究所《中国土地问题》课题组,张曙光. (2010) 土地流转与农业现代化. 管理世界, (7): 66—85.

毕继业,朱道林,王秀芬. (2010) 耕地保护中农户行为国内研究综述. 中国土地科学, 24(11): 77—80.

崔功豪,马润潮. (1999) 中国自下而上城市化的发展及其机制. 地理学报, 54(2): 106—115.

贺雪峰,印子. (2015) "小农经济"与农业现代化的路径选择——兼评农业现代化激进主义. 政治经济学评论, 6(2): 45—65.

黄宗智. (2010) 中国的隐性农业革命. 北京:法律出版社.

贾绍凤. (1998) 人口城镇化不是农村工业化、乡村城镇化. 人文地理, 13(2): 24—28.

李广东,邱道持,王平. (2011) 中国耕地保护机制建设研究进展. 地理科学进展, 30(3): 282—289.

李强,陈宇琳,刘精明. (2012) 中国城镇化"推进模式"研究. 中国社会科学, (7): 82—100.

刘彦随,刘玉,翟荣新. (2009) 中国农村空心化的地理学研究与整治实践. 地理学报, 64(10): 1193—1202.

刘彦随,龙花楼. (2011) 中国农业地理与乡村发展研究进展及展望——建所70周年农业与乡村地理研究回顾与前瞻. 地理科学进展, 30(4): 409—416.

刘勇,吴次芳,杨志荣. (2008) 中国农村居民点整理研究进展与展望. 中国土地科学, 22(3): 68—73.

石忆绍.(2003)城乡一体化理论与实践:回眸与评析.城市规划汇刊.(1):49—54.

舒尔茨,著.梁小民,译.(2006)改造传统农业.北京:商务印书馆.

宋伟,张凤荣,孔祥斌,等.(2006)自然经济限制性下天津市农村居民点整理潜力估算.自然资源学报,21(6):888—899.

吴泽斌,刘卫东.(2009)基于粮食安全的耕地保护区域经济补偿标准测算.自然资源学报,24(12):2076—2086.

姚洋.(2000)中国农地制度:一个分析框架.中国社会科学,(2):54—65.

张占录,张远索.(2010)基于现状调查的城市郊区农村居民点整理模式.地理研究,29(5):891—898.

赵新平,周一星.(2002)改革以来中国城市化道路及城市化理论研究述评.中国社会科学,(2):132—138.

郑风田,傅晋华.(2007)农民集中居住:现状、问题与对策.农业经济问题,28(9):4—7.

钟宁桦.(2011)农村工业化还能走多远?经济研究,(1):18—27,56.

钟太洋,黄贤金,陈逸.(2012)基本农田保护政策的耕地保护效果评价.中国人口·资源与环境.22(1):90—95.

第二章

国内外乡村发展的政策与实践

第一节 引　　言

乡村发展既是对乡村地域单元动态过程机制的理论解释(理论维度),也是区域社会经济发展的重要策略之一(实践维度)。在全球化与城市化的共同作用下,理论维度与政策维度相互联系、共同演进。乡村发展理论的转变推动着政策工具和规划理念的变化。例如,随着乡村发展目标在理论上从以农业生产率的提升逐步转向社会、经济与环境的协同发展,乡村发展实践开始转向综合性的分析框架实现对多目标的整合。随着乡村发展的空间尺度不断扩展并呈现网络化特征,乡村发展实践亦积极采取接入全球经济、强化城乡联系等诸多举措(Ward and Brown, 2009)。同时,乡村发展实践的推行与成效也推动着理论认识的深化,为理论与政策研究奠定实证基础。例如,中国"自下而上"城镇化模式的总结即来源于不同地区的实践。乡村发展的实践维度主要包括规划与治理两个重要的维度。战略规划确定乡村发展目标以及关键发展战略举措,而乡村治理则侧重于通过政策工具调整资源组织以及利益再分配,从而实现对乡村发展关键问题(如贫困问题、环境退化问题等)的干预。

乡村发展实践的核心特征是多目标与多层级。随着乡村发展日益强调协同性、多功能性与可持续性,规划与治理所面临的权衡日益增多,涵盖了发展与保护、效率与公平、传统与现代、集聚与分散、多元与专精等维度。不同发展目标的协同成为乡村发展实践的首要问题。为此,具有综合性和协调性的发展框架成为各国乡村发展的重要基础,如联合国提出的可持续生计框架、欧盟的共同农业政策(common agriculture policy，CAP)等。此外，乡村单元无论在地域上还是行政上均处在相对边缘的位置。乡村治理的主体是多元化且体系化的。尽管无论在发达国家还是发展中国家，基层或村民自治是乡村治理的主要特征，但在全球化与城镇化的进程中，乡村发展在很大程度上受到来自乡村以外的影响。来自跨国区域、次区域、国家、地方等层面的发展政策和利益协调机制直接或间接决定了乡村发展的资源组织与利益分配。为此，实现多层级治理的协调、强化基层和村民在乡村治理中的地位是乡村发展实践的另一核心内容，其中尤以欧盟的农村发展行动联系项目(Liaison entre actions de développement rural，LEADER①)最具代表性。

尽管城乡发展在诸多方面存在相似之处，但乡村天然分散的空间格局与相对松散的要素组织决定了乡村发展具有更大的多样性。多样性意味着不同区域在综合制度、经济、社会、文化和环境等方面所形成的比较优势与现实矛盾不尽相同，使得乡村发展的规划与治理模式呈现出高度地方化特征(Richardson，2000)。在实践过程中，日益强调对地方化特征的考虑，基于地方的规划(place-based planning)、参与式空间规划等方法应运而生(McCall and Dunn，2012；Zasada et al.，2015)。通过将地方化要素纳入乡村规划与治理的框架中，乡村发展实践能够更好地因地制宜，满足其对多样性的内在要求。

自1949年以来，中国的区域发展政策先后经历了"均衡—不均衡—再均衡"的思路变化，在优先发展大城市还是中小城镇这一问题上亦存在争论与探索。对乡村发展的认识在这一过程中亦不断发生变化。在当前区域再均衡与新型城镇化的发展思路下，对乡村发展的关注有所提升，乡村发展成为政府解决"三农"问题的重要抓手。例如，2005年《十一五规划纲要建议》正式提出社会主义新农村建设的要求。2008年《城乡规划法》正式实施，提升了乡规划和村庄规划的法律地位，改变了中国长期以来城乡有别的规划编制体系所表现出的"重城市、轻乡村"倾向。现行的城市和土地利用规划体系亦将乡村地区的土地利用和土地整理纳入规划范围。目前，国内多个省市已逐步开展乡村规划的研究与编制工作，如江苏省在2005年开始了镇村布局规划的编制，并全面展开了乡村规划工作。但全面、系统的村镇规划体系尚未形成，对规划内涵的界定、规划的制定、规划的管理与实施的研究相对滞后。现有的实践仍旧以农村经济与农业发展为主。

基于此，本章将以西方国家乡村发展规划与治理的代表性项目为切入点，以

---

① LEADER是该项目法语名称的首字母缩写，英语表述为"Links between actions of rural development"。

多目标规划、多层级治理与多样化路径三个特征为分析框架,分别梳理西方国家和中国在乡村规划与治理方面的特征和经验,在此基础上探讨其对于中国乡村发展实践的启示。

第二节 西方乡村发展的政策与治理

在西方乡村发展的实践中,乡村发展实质上是一种利益分配机制,旨在实现乡村经济、社会、文化和环境等方面的协调发展,最终消除贫困,实现可持续发展的目标。相比于城市发展,政府往往在乡村发展中扮演着更为重要的角色。一方面由于乡村发展所涉及的诸多维度具有公共品或准公共品的属性,另一方面乡村发展受制于其在发展中长期所处的边缘地位,加之乡村发展受到来自城市、区域、国家乃至于全球的影响日益加深,政策干预与规划引导有其必要性。其中,相比于美国以市场经济为基础的自由化特征,欧洲在乡村发展过程中更为频繁地使用政策与规划的手段引导乡村发展。

一、多目标协调:经济、社会与环境的协同

从实践层面上看,乡村发展政策与治理是一系列复杂背景下的产物。既包括气候变化、环境退化、资源短缺等一系列环境问题,也包括人口流失、贫困、设施供给不足等社会经济问题。更多情况下,乡村发展试图解决的不仅仅是乡村问题,甚至还包括城市与区域的可持续发展问题。这就决定了乡村发展政策与规划从提出伊始就面临着诸多权衡。

以欧盟乡村发展政策(Rural Development Policy,RDP)为例,自2001年开始,欧盟颁布乡村发展政策且每6年修订一次。在2014~2020年的乡村发展政策中,欧盟提出了六大优先发展目标(Article 5,Regulation(EU)No 1305/2013),包括:① 鼓励农业、林业和乡村地域内的知识传播;② 提升所有农业的竞争力与农场的生存能力;③ 促进农业生产中农产品链的组织和风险管理;④ 恢复、保护和提升农林生态系统;⑤ 提升资源利用效率,支持农林业逐步转向低碳且抵御气候变化的经济模式;⑥ 推动乡村地域的社会融入、贫困缓解和经济发展。在此基础上,每个成员国将结合本国实际选择至少4个目标制定本国的RDP。可以看出,乡村发展政策目标的综合性并非体现在不同指向的目标组合上,而是体现在每一项目标之中。每一项目标内部都包含了经济、社会和环境的综合与统一。值得注意的是,乡村发展政策仅仅只是欧盟共同农业政策的其中一个维度。由此可见,无论是CAP还是RDP,其并非单纯依靠经济、社会和环境目标的清单罗列与组合来实现多目标综合。相反地,RDP以成效为导向逐一

设定综合目标,在此基础上对目标进行拆解。这在一定程度上强化了政策的现实性与可操作性,同时也使经济、社会和环境维度之间更好地融合。

除了综合性的政策框架具有多元目标之外,具有明确指向的政策(如环境政策、经济政策等)同样包含了跨纬度的多元目标。而此类政策对多元目标的协调往往不是清单式的,而更为关注不同目标之间的内在逻辑。例如,联合国的"减少毁林和林地退化导致的碳排放"项目(Reducing emissions from deforestation and forest degradation,REDD)是一项应对全球气候变化的项目,旨在通过政策干预土地变化实现碳减排。REDD整体上是一个环境指向性十分明确的政策。然而,该政策除了减排之外还将扶贫设定为目标之一(Angelson et al., 2009;Yang et al., 2015)。由于在REDD实施的国家,林业在当地人口生计中占据重要地位,这也意味着要从源头上保证该环境政策的成效,切实转变当地人口的生计来源、提升收入水平是治本之道。这也是多元目标内在协调的方式之一。联合国另一项针对贫困人口的政策框架——可持续生计(sustainable livelihood)则以贫困人口的脆弱性来组织不同维度的因素。可持续生计指出,乡村贫困人口的生计问题源于其脆弱性。脆弱性的根源包括了经济、政治和技术因素的整体变化,疾病、自然灾害、冲突所造成的短期冲击以及产品价格、产量、就业机会等周期性波动。为此,可持续生计将目标综合为提升乡村人口的抗性,而非满足其需求或解决短期问题。

值得注意的是,多目标之间往往面临着权衡与协调。权衡意味着二者不可兼得而不得不做出取舍,协调则强调寻求共生的发展机制。西方乡村发展理论追求的是协同(synergy),表现在政策实践中谋求的是不同目标的相辅相成,而非在政策中对环境与经济、效率与公平等进行取舍。例如,Lorah和Southwick(2003)在评估一项环境保护政策对美国西部乡村发展影响时发现,环境保护政策并不等同于限制发展政策。环境改善在推动人口增长、发展服务业、提升收入与促进就业方面发挥了积极作用。由此可见,环境保护政策同样能够在一定程度上通过优化资源利用促进了乡村发展。换言之,乡村发展实践的目标应当致力于在诸多两难中探索协同的路径,而非给出孰轻孰重的信号。

二、多层级治理:"善治"与分权化

政府是治理最为常见的主体,而非唯一主体。有效的治理体系包括不同主体的决策与实施过程,包括政府之外的不同个体、组织与机构(Stark,2005)。如同乡村发展理论中所指出的,乡村问题是一个多利益主体、多空间尺度、多问题维度的过程。对应于多利益主体的特征,乡村发展实践所涉及的治理体系注定不能只是政府的一家之言。何况仅就行政结构而言,还涉及不同层级政府的协调。

梳理现阶段西方国家乡村发展的治理思路,大体上以"善治"(good governance)为核心目标,在宏观层面主要侧重于各层级政府的政策干预与协调,对基层的发展提供必要的战略引导和资金支持;在微观层面则强调通过分权化(decentralization),提高不同主体(农民、集体、非政府组织等)的决策参与,强化乡村发展治理的基层自治水平。所谓"善治",强调决策与实施过程的效果(effectiveness)、效率(efficiency)与公正(equity),追求过程透明与各方参与(UNDP,1997)。"善治"不仅是一个理想化的目标,也为决策过程提供了一般性的参考标准,涵盖决策制定、决策实施与评估反馈等不同阶段。总体而言,乡村发展与善治的概念对接,体现的是乡村发展实践从以物质为中心转向以人为中心的理念转变。

欧盟的 LEADER 项目是一个体现上述治理思路的典型项目。LEADER 项目始于1991年,是欧盟共同农业政策(CAP)的重要组成部分,其旨在鼓励乡村单元探索新的发展路径维持自身竞争力、解决发展面临的问题。LEADER 项目在治理结构上,涵盖了欧盟、成员国和地方等多个层级。项目核心旨在提供新形式的合作关系、整合不同发展举措,使地方成员有机会参与到本地发展的规划与决策中(European Communities,2006)。在 LEADER 项目的7个核心特征中,自下而上的方式(bottom-up approach)、公私合作模式(public-private partership)、网络化(networking)和群体间合作(cooperation)都体现了其实现多层级治理的具体路径。其中,公司合作模式以发展地方行动团体(local action groups,LAGs)为基础,具体执行地方发展策略,分配并管理财政资源。LAGs 相当于衔接政府与地方各利益相关方的纽带,整合信息并分配资源,对选择资助地方发展项目具有决策权,是提升地方自治的集中体现。实证研究显示,在2007—2013年间,LAGs 模式对于提升乡村单元应对环境和社会经济冲击的能力发挥了重要作用(Arroyo et al.,2015)。

尽管分权化为强化乡村发展治理过程中的基层自治提供了有力的支撑(Johnson,2001),但分权化并非实现乡村发展治理的终点。权力下移的对象、不同领域的分权方式都将对乡村发展产生影响(Parker,1995)。因此,分权化为乡村治理提供方向的同时,也给乡村发展治理带来了更多的选择与可能性。尤其是在实施层面,具体的执行问题将对治理成效产生显著影响(Loizou,et al.,2014)。比较研究发现,LEADER 政策在执行过程中并未完全发挥其推动乡村发展的潜力(Dax et al.,2016)。例如,LAGs 作为 LEADER 项目中最具特色的制度设想,在实际操作中依旧存在着执行偏差。在实际操作过程中,LAGs 以公共部门为主,且表现出官僚化的倾向(Esparcia et al.,2015),并且 LAGs 在整体自下而上的决策体系中,所具备的决策层级并不够高,也在一定程度上影响了其成效(Arroyo et al.,2015)。由此可见,乡村发展的治理实践在表明不同层级治理之间协调的重要性的同时,更指出了具体实施的程度与成效对于政策结果具有显著影响(Yang et al.,2015)。换言之,即便在理论方向正确的前提下,政策工具与规划方法的设计差异也将导向不同的发展结果。

三、多样化路径:"基于地方"与参与式方法

乡村发展理论从外生向内生和新内生模式的转变,强调了地方化特征在乡村发展进程中的重要性。乡村发展实践对自下而上治理模式的探索,也体现了地方力量对于乡村发展政策与规划在制定与实施层面的关键作用。地方性的日益显著是乡村发展多元化路径的主要来源。在全球化与城镇化对乡村发展施加多重影响,乡村发展面临社会、经济与环境等复合目标的背景下,乡村发展所需要考虑的变量不断增多。若忽略乡村内部力量与特征的作用,一方面将导致对乡村发展面临矛盾的误判,另一方面则忽视了地方力量在本地发展与创新中所具备的不可替代的作用(Bosworth et al.,2015)。

基于地方(place-based)成为乡村发展实践的重要组成部分。在上述提到欧盟两个政策中,RDP被认为忽略了地方化因素的影响,而LEADER则较好的考虑了地方力量在发展中的作用(Zasada, et al.,2015)。LEADER项目的实践表明,区域是乡村发展规划与治理决策最为有效的尺度,对于充分利用区内资源推动内生发展具有积极作用(Dwyer et al.,2007)。LEADER项目7个核心特征中的第一个即为基于区域的地方发展策略(area-based local development strategies)。以地方为基础,能够更为准确的识别区域的发展需求和竞争优势,对于资源的利用也将更为实际可行。更重要的是,该策略所提及的区域并不囿于行政边界,而是一个保证区内具有相对均质性的空间单元(European Communities,2006),且可随社会经济特征变化而变化,以保证其适应性。

充分发挥地方力量的实践还表现在参与式方法(participatory approaches)的探索。在理念层面,以参与式乡村评估(participatory rural appraisal,PRA)最具代表性。参与式乡村评估的核心理念是将地方发展决策权交予当地居民,通过外来者(outsider)与当地人之间的交流,促进当地人共享、提升并评估其所掌握的地方知识(Chambers,1994a),同时能够整合乡村发展相关的一系列信息,包括农户升级、需求与竞争优势等。不过,PRA在个体属性对其掌握地方知识的影响方面考虑相对不足(Moose,1994)。整体上,PRA方法与分权化的实践思路相契合,且较好地体现了乡村发展的多元化特征(Chambers,1994b),被广泛运用于自然资源管理、农业发展、扶贫、粮食安全等乡村发展议题中。

在技术层面,参与式空间规划及其系统的开发陆续展开。"参与式"除了表现在常规的规划内容之外,还贯穿于对各方利益的体现与协调,对地方信息与知识的管理与运用尤为关注(McCall,2003;McCall and Dunn,2012),满足乡村发展规划与治理对可解释性、透明性、反馈性、合法性等一系列原则的要求。参与式地理信息系统(participatory geographic information system,PGIS)在土地利用规划、资源规划、景观规划等领域的运用日益增多,源于其能够将复杂的分析简化为易于推广的结果,为利益个体参与规划决策过程提供基础,并获取反馈完善规划(Jankowski,2009)。此外,契合于乡村发展的多元化路径,模型方法与情景分析的结合也逐步被纳入规划技术之中。情景分析强调在区域信息的基础上提炼乡村未来发展的各种可能性,从而促进公众对于乡村未来发展的讨论与决策,并辨识影响乡村发展的主要因素(Lowe and Ward,2009)。

总体而言,无论是理论中的地方化特征、还是实践中的地方知识与地方力量,都奠定了乡村发展多样化特征,也为乡村发展的创新提供内在动力。现有的方法与技术实践对此进行了准备,从"基于地方"和"参与式"两个核心概念入手,体现对地方知识和地方力量的考虑,从而实现对乡村发展多样化特征的表达。

综上所述,西方乡村发展的实践旨在探索协调发展的新模式,协调的内涵包括问题维度的协调、空间尺度的协调和利益主体的协调。实现协调的基本思路,表现对"自下而上"的特征,发展的重心不断"下沉"。首先,分权化的方式被广泛探讨与实践,以期通过提升基层自治水平促进乡村发展;其次,强调地方层面的创新与协作,提升地方自身的竞争力和抗性;第三,强调地方知识和地方力量对乡村发展多元化路径的塑造作用,以准确辨识主要矛盾、发展需求以及地方的竞争优势所在。

第三节 中国乡村发展的政策与规划

长期以来,中国社会经济发展呈现出鲜明的城乡分治特征。在此治理结构下,政策与资源整体偏向城市,乡村发展所获取的支持相对有限。改革开放 30 多年来,中国仍处于向农村抽取资金的发展阶段,资金依次通过工农产品价格"剪刀差"、财政系统和金融机构等渠道自乡村向城市净流出(周振等,2015)。城乡分割的行政管理制度与城市偏向型的社会经济政策,加大了城乡差距,进一步制约了乡村发展(陆铭,陈钊,2004)。偏向城市的发展政策源于中国重工业化、鼓励资本密集型部门优先发展的工业化战略(陈斌开,林毅夫,2013)。由于资本密集型部门对于就业的吸纳程度较低,导致城镇化相对滞后于工业化进程。城镇化的滞后意味着吸纳农村剩余劳动力能力下降,导致城市对乡村发展的辐射带动作用减弱。

城镇化滞后与城乡差距的扩大,让乡村发展成为中国经济增长与区域发展的关键问题。2006年国务院《关于推进社会主义新农村建设的若干意见》中,提出工业反哺农业、城市支持农村和"多予少取放活"的方针,按照"生产发展,生活宽裕,乡风文明,村容整洁,管理民主"的要求建设社会主义新农村。2014年以来大力推行的新型城镇化建设中,亦站在区域发展的视角将城乡互补纳入其中。而在具体的实践过程中,地方试点与地方化模式往往是乡村发展与改革的起点,成为中国乡村发展实践与创新的关键内容。由此可见,与西方国家相似,中国的乡村发展同样寻求着"自上而下"与"自下而上"相结合的路径。差别之处在于,中国乡村发展的理念主要寻求借助外力,表现出"以城统乡"的倾向,更强调政府在各类规划与实践中的角色与作用。

一、多目标协调:"三农"问题

"三农"问题是中国特定转型过程中农业、农村和农民的发展问题,指代与中国经济社会转型和现代化发展紧密相关的复杂问题(黄祖辉等,2009),涵盖了对生产关系、权力制度、社会结构、文化生态、城乡联系等方面所发生的一系列变革(刘家鹏,2003)。"三农"问题可以视为中国乡村改革与发展目标的集中体现,为理解乡村发展所涉及的经济、社会和环境目标提供了一个综合性框架。

"三农"问题的相互交织决定了中国乡村发展无法简单等同于农业经济发展,人地关系高度紧张的基本国情和城乡二元结构的基本体制矛盾制约着中国乡村发展的资源组织与利益分配(温铁军,1999),增加了制度安排与政策设计的复杂性。在"三农"问题的框架下,乡村发展的核心是农民问题,一方面需要促进农村剩余劳动力的有效转化(吴敬琏,2002);另一方面要求不断增加农民收入,缩小城乡之间和地区之间的差距(林毅夫,2003)。农村剩余劳动力的转化与城镇化的背景相契合,在支撑人口城镇化的同时减少基数庞大的农村人口,实现劳动力在城乡之间的合理配置。在此基础上,鼓励农业发展、强化农村建设,提高农民收入与生活品质(顾朝林,李阿琳,2013)。

"三农"问题已成为国家乡村发展政策的基本思路。国务院在2004年《关于促进农民增加收入若干政策的意见》中,提出了"调整农业结构,扩大农民就业,加快科技进步,深化农村改革"的思路;2005年《关于推进社会主义新农村建设的若干意见》中,提出"推进现代农业建设,强化社会主义新农村建设的产业支撑;促进农民持续增收,夯实社会主义新农村建设的经济基础;加强农村基础设施建设,改善社会主义新农村建设的物质条件"等发展思路;2015年《关于加大改革创新力度,加快农业现代化建设的若干意见》中,则提出"加快转变农业发方式;加大惠农政策力度,促进农民增收;深入推进新农村建设,推动城乡发展一体化;全面深化农村改革,加强农村法治建设"。

总体上,对"三农"内在联系的阐释代表着政策与实践对中国乡村发展机制的理解。"三农"也在一定程度上体现出乡村发展的经济、社会与环境维度的有机联系。农业、农村和农民作为三个联系的主体,代表着城市和乡村、农业和工业、农民和土地的关系演进。因此,将乡村的发展规划、土地组织、社区建设、设施供给、社会保障、税费改革等一系列独立问题置于"三农"问题的框架下时,能够有效地拓展规划与政策的关注点,实现多目标协调。

二、多层级治理:政府主导与地方试验

中国乡村发展的政策与实践一方面源于国家"自上而下"实施的一系列战略规划和政策支持,另一方面源于地方性试验的突破与创新。地方试验既包括基层村集体与农民个体的自主尝试,也包括政府推行政策改革与创新时所进行的地方试点。先由地方试点探索、再由各级政府主导推行成为中国乡村发展实现多层级治理的主要模式之一。

早期由地方试点的典范莫过于农村家庭联产承包责任制。1978 年安徽省凤阳县小岗村 18 名村民的分田到户的尝试,充分调动了农民生产的积极性,显著提高了劳动生产率,也催生了农业生产组织的新形式。1980 年 9 月,中共中央印发《关于进一步加强和完善农业生产责任制的几个问题》会议纪要,首次以文件的形式明确肯定了以包产到户为代表的农业生产责任制的新形式(金丽馥,2008)。1982 年 1 月 1 日,历史上第一个关于农村工作的一号文件出台,明确指出包产到户是社会主义集体经济的生产责任制,并连续五年出台关于农村工作的一号文件,确立了家庭联产承包责任制的经营制度。

家庭联产承包责任制虽然适应了当时的社会经济发展背景,但也不可避免地造成了地块狭小、分割细碎的土地利用方式(国务院发展研究中心土地课题组,1992)以及生产主体分散、缺乏有效组织与分工协作的生产过程。过度分散化的生产特征导致农民在市场信息的把握、市场风险抗性和新技术的学习与运用等方面处于不利地位。为此,土地使用权流转的探索开始了新一轮具有代表性的地方试验。与家庭联产承包责任制相比,土地使用权流转则包括了两种形式的地方试验。早期的土地流转大多基于乡村自发的制度探索(平度模式、昆山模式、南海模式等),而在城乡统筹的背景下,政府推动地方试点并主导制度设计的形式开始占据主导,如江浙地区、成渝地区的土地流转(凌斌,2014)。

在一定程度上,政府主导与地方试验相结合的方式是适应于中国转型发展普遍存在的双轨制特征的选择。从计划经济向市场经济转型的发展阶段,决定资源配置的力量既有市场调节,也有行政干预。制度设计所产生的路径依赖决定了乡村发展所涉及的利益主体中不仅有农户与企业,还有政府。农户与企业的利益是激发个体创新的动力,而政府的利益则是地方试点的原因之一。因此,从横向上看,地方试验的做法是乡村发展实践过程中各利益相关方综合与协调机制之一。而从纵向上看,地方试验与政府主导的相结合的方式一方面协调了各级政府与基层集体和农户之间的利益诉求,另一方面也能够通过试错降低改革的潜在风险,并充分考虑地方差异的影响。

三、多样化路径:乡镇企业发展的探索

中国广袤的国土面积决定了自然条件的地域分异,也影响着社会经济的不均衡发展。乡村作为人地相互作用最为活跃的地域单元,资源禀赋、环境容量、经济基础、劳动力、技术运用、生产组织等一系列因素都将直接影响乡村发展的竞争力。为此,无论从自然生态或社会经济的视角来看,中国乡村发展的需求与潜力都存在高度的异质性,进而决定了乡村发展路径的多样化特征。仅从大区域层面进行对比,即可直观看出发展程度存在差异的东、中、西部地区乡村发展所面临的背景、需求与主要矛盾截然不同(刘彦随,2007)。东部地区的农民在土地流转的意愿与需求方面普遍强于中部和西部地区(陈浩天,2015)。"自下而上"城镇化较为成功的探索也普遍集中于东部地区(崔功豪,马润潮,1999)。与此同时,伴随着人口在全国层面表现出自西向东迁移的整体趋势,西部地区的乡村劳动力急剧减少,乡村发展不可避免表现出颓势。

改革开放以来,"自下而上"城镇化的诸多模式探索中,乡镇企业组织与特征所表现出的地区差异,很好地体现出中国乡村发展路径的多样化特征。苏南模式、温州模式、珠江三角洲模式、耿车模式等一系列基于地方化因素进行的乡镇企业发展与就地城镇化实践,是改革开放以来中国探索"自下而上"城镇化模式的经典案例。但对比之下,可以发现这些模式的形成是地方力量与地方化特征约束之下的不得已的选择,而非理论前提。

"苏南模式"是典型的以政府为主导的模式,是依托于政府支持与"能人经济"共同作用的发展路径。依托于"能人"为乡镇企业的发展融入企业家精神,推动乡镇企业的活力,而乡镇企业发展初期的资金来源与资本积累则在很大程度上依赖于政府的支持与协调。

相比之下,"温州模式"则以市场为主导。相比于苏南地区,温州的自然资源和人均耕地相对匮乏,发展条件落后于苏南。但依托当地的商业精神与家庭手工业基础,"温州模式"形成了利用民营化和市场化推进工业化和城市化的发展模式(史晋川,2002)。相比于苏南模式中的"政府—能人"协作与博弈,温州模

式的动力来源于"能人"之间的结网。

与苏南和温州不同,珠江三角洲模式更为显著地表现出难以复制的高度地方化特征。珠三角模式依托的是外来力量。作为中国改革开放的前沿阵地,珠三角以其毗邻港澳的区位优势、国家经济体制改革的政策优势吸引了劳动力、外资等要素的迅速集聚,原料和产品"两头在外"的特征加速了发展初期乡镇企业的繁荣。

与珠三角模式相对的另一个极端,是欠发达地区昙花一现的乡村发展模式,"耿车模式"正是其中一例。耿车乡位于江苏省宿迁市宿豫区,为当地有名的贫困乡。在此类相对欠发达地区,乡村发展无法借力于苏南模式所拥有的经济基础与历史底蕴,无法借力于温州模式的开放市场与企业家网络,更无法借力于珠三角模式的外资拉动与政策扶持。耿车的探索是调动农户的积极性,通过发展农户个体企业和联户办企业的方式,实现"以工补农"的目标。耿车模式昙花一现的原因在于地方力量的相对薄弱,决定其朝着工业化方向发展面临着极大制约。事实上,耿车模式发展乡镇企业的动力并不在于城镇化倾向,而是对反哺农村生产与生活的一种尝试。

乡镇企业发展的地方经验揭示出地方差异化的发展基础与需求对于乡村发展路径的显著影响。这也在一定程度上体现出"自上而下"与"自下而上"相结合的必要性。"自下而上"的发展动力机制与决策机制将有助于地方化的知识更好地被纳入发展战略与政策支持中,从而实现对乡村发展多样化特征的表达。

总体而言,中国的乡村发展在较长时间内处于相对边缘的地位。"三农"框架下以人为核心的问题理解、城市倾向性的社会经济政策,加上"以城统乡"的发展理念,决定了中国对乡村发展模式的探索更多置于城镇化背景之下,探索乡村对城市的支撑与互补作用。而转型发展时期所表现出的双轨制特征,促使了乡村发展实践更多借助于政府主导与地方试验相结合的方式推动改革进程,实现"自上而下"和"自下而上"的结合。此外,中国广袤的国土面积与发展过程中显著的区域不均衡性,决定了乡村发展有着不同的基础、需求与竞争优势。地方力量与地方化特征在乡村发展过程中势必发挥重要影响,决定乡村发展路径的多样化特征。

第四节 国内外乡村发展实践的对比与启示

虽然由于发展阶段差异,西方国家与中国的乡村发展在多目标协调、多层级治理和多样化路径方面表现出不尽相同的理念和思路。相似的地方在于,国内外的实践均意识到地方力量在乡村发展过程中的重要作用,也认同政策干预在引导乡村发展过程中的合理性。不过,西方国家以善治为目标寻求通过分权化的方式强化基层治理,而中国则更多使用地方试验的方式来探索乡村发展的路径。此外,社会、经济与环境问题的协调与统一已成为国内外乡村发展实践的共同目标。西方国家以协同为基本理念,旨在寻求各维度共生的发展机制,而不是给出孰轻孰重的政策信号。相比之下,中国在发展过程中虽然以"三农"问题对多目标进行整合,但在资源与制度约束明显的条件下,权衡的理念仍较多反映在乡村发展实践中。在地方发展的多样化路径探索上,国内外乡村发展在理念层面均给予了重视,但中国乡村发展实践在技术和方法等方面对多元化特征的体现还比较薄弱,特别是在规划层面有效避免"千村一面"的探索还相对薄弱(章凌志,杨介榜,2007;叶斌,2010)。无论是西方国家还是中国,乡村发展实践也都面临着执行与实施的有效性问题。综合对比之下,中国现阶段乡村发展的政策与实践应着力应对以下两个方面问题:

(1) 从区域层面认识乡村发展,避免城乡二元或城市偏向的发展理念。以规划为例,由于历史和管理等方面的原因,当前中国乡村规划领域对于乡村及相关概念、内容和责任界定不清,在很大程度上造成了乡村规划的局限。尽管乡村规划对象从"村庄和集镇"演变为"建制镇—集镇—村庄"体系,但始终以乡村建设活动和建设用地规划为主,局限于乡村地区内部的个体规划,对城乡联系的体现并不充分。同时,乡村地位在各方面受城市压制。国家层面并未形成系统的村镇规划法规体系,规划方法亦在很大程度上沿袭城市规划。由此可见,寻求新的空间尺度与空间规划方法是乡村发展实践的关键问题。

(2) 强化对乡村发展路径多样化特征的理解,提升地方知识与地方力量在乡村发展决策中的作用。乡村是集经济、社会、文化、生态等多功能于一体的景观,经济发展与支持城市建设并非乡村发展的唯一内涵。并非所有的乡村都需要工业化和城镇化,也并非所有的乡村都只能成为城市的依附。地方知识体现因地制宜的发展原则,即考虑乡村发展因其竞争优势差异而决定的最适发展路径不同。而当下政策与实践的表述更多吸收描述区域发展客观规律的理论成果,而对地方知识的分析与吸纳并不充分。而从执行的角度来看,地方力量包括基层村集体与农民个体等利益相关主体。然而在现有实践过程中,决策与推广主体以各级政府部门为主,基层集体和农民的角色重在执行。在这样的治理结构下,乡村发展和规划更多体现政府发展意愿,而村集体与农民的需求与利益相对薄弱,在很大程度上影响了政策与实践的执行有效性。

总体而言,国内外乡村发展的实践经验揭示出从区域层面认识乡村发展的必要性。就中国而言,打破城乡二元分割与城市偏向型发展理念的关键,一方面,应从区域发展的视角理解乡村发展,而不仅仅在城镇化的进程中去理解乡村的意义;另一方面,乡村内在特色应作为乡村发展实践关注的对象,充分理解乡村发展路径的多样化特征是内在属性的体现,而非外因作用的结果。因此,"自上而下"与"自下而上"相结合的思维模式适应于区域视角下的乡村发展。乡村发展政策与实践的启示,再一次印证了第一章理论启示所强调的三个特征:区域视角、上下相合与因地制宜。这也是本书提出"村镇区域"概念的基础,更是村镇区域发展与空间优化技术集成的基本理念。

参 考 文 献

Angelsen, A., Brockhaus, M., Kanninen, M., et al. (2009) Realizing REDD+: national strategy and policy options. Bogor, Indonesia: CIFOR.

Arroyo, F. M., López, H. S., Blanco, J. L. Y. (2015) Are local action groups, under LEADER approach, a good way to support resilience in rural areas? Journal of Depopulation and Rural Development Studies, 18: 39—63.

Bosworth, G., Annibal, I., Carroll, T., et al. (2015) Empowering local action through neo-endogenous development: the case of LEADER in England. Sociologia Ruralis, Online version, DOI: 10.1111/soru.12089.

Chambers, R. (1994a) The origins and practice of participatory rural appraisal. World Development, 22(7): 953—969.

Chambers, R. (1994b) Participatory rural appraisal (PRA): challenges, potentials and paradigm. World Development, 22(10): 1437—1454.

Dax, T., Strahl, W., Kirwan, J., et al. (2016) The Leader programme 2007—2013: enabling or disabling social innovation and neo-endogenous development? Insights from Austria and Ireland. European Urban and Regional Studies, 23(1): 56—68.

Dwyer, J., Ward, N., Lowe, P., et al. (2007) Eurpoean rural development under the common agricultural policy's second pillar: institutional conservatism and innovation. Regional Studies, 41(7): 873—888.

Esparcia, J., Escribano, J., Serrano, J. J. (2015) From development to power relations and territorial governance: increasing the leadership role of LEADER Local Action Groups in Spain. Journal of Rural Studies, 42: 29—42.

European Communities. (2006) The LEADER approach: a basic guide. Luxembourg: Office for Official Publications of the European Communities.

Jankowski, P. (2009) Towards participatory geographic information systems for community-based environmental decision making. Journal of Enviromantal Management, 90(6): 1966—1971.

Johnson, C. (2001) Local democracy, democratic decentralization and rural development: theories, challenges and options for policy. Development Policy Review, 19(4): 521—532.

Loizou, E., Chatzitheodoridis, F., Michailidis, A., et al. (2014) Leader approach performance assessment in a Greek rural region. EAAE 2014 Congress 'Agri-food and rural innovations for healthier societies', August 26—29, Ljubljana, Slovenia.

Lorah, P., Southwick, R. (2003) Environmental protection, population change, and economic development in the rural western United States. Population and Environment, 24(3): 255—272.

Lowe, P., Ward, N. (2009) England's rural futures: a socio-geographical approach to scenarios anaylsis. Regional Studies, 43(10): 1319—1332.

McCall, M. K., Dunn, C. E. (2012) Geo-information tools for participatory spatial planning: fulfilling the criteria for 'good' governance? Geoforum, 43: 81—94.

McCall, M. K. (2003) Seeking good governance in participatory-GIS: a review of processes and governance dimensions in applying GIS to participatory spatial planning. Habitat International, 27(4): 549—573.

Moose, D. (1994) Authority, gender and knowledge: theoretical reflections on the practice of participatory rural appraisal. Development and Change, 25(3): 497—526.

Parker, A. N. (1995) Decentralization: the way forward for rural development? World Bank Policy Research Working Paper No. 1475.

Richardson, T. (2000) Discourses of rurality in EU spatial policy: the European spatial development perspective. Sociol Ruralis, 40(1): 53—71.

Stark, N. (2005) Effective rural governance: what is it? Does it matter? Rural Policy Research Institute (RUPRI).

UNDP. (1997) Governance for sustainable human development. United Nations Development Programme.

Ward, N., Brown D. L. (2009) Placing the rural in regional development. Regional Studies, 43(10): 1237—1244.

Yang, A. L., Rounsevell, M. D. A., Haggett, C. (2015) Multilevel governance, decentralization, and environmental prioritization: how is it working in rural development policy in Scotland. Environment Policy and Governance, 25(6): 399—411.

Yang, A. L., Wong, G., Loft, L. (2015) What can REDD+ benefit-sharing mechanisms learn from the European Rural Development Policy? Bogor, Indonesia: CIFOR.

Zasada, I., Reutter, M., Piorr A., et al. (2015) Between capital investments and capacity building: Development and application of a conceptual framework towards a place-based rural development policy. Land Use Policy, 46: 178—188.

陈斌开,林毅夫. (2013) 发展战略、城市化与中国城乡收入差距. 中国社会科学, (4): 81—102.

陈浩天.(2015)农户土地流转需求意愿的假设证伪与模型建构——基于全国20省236村2998个农户的实证调查.干旱区资源与环境,29(10):43—47.

崔功豪,马润潮.(1999)中国自下而上城市化的发展及其机制.地理学报,54(2):106—115.

顾朝林,李阿琳.(2013)从解决"三农问题"入手推进城乡发展一体化.经济地理,33(1):138—148.

黄祖辉,徐旭初,蒋文华.(2009)中国"三农"问题:分析框架、现实研判和解决思路.中国农村经济,(7):4—11.

金丽馥.(2008)农村家庭承包制的评价与展望.江苏大学学报(社会科学版),10(6):13—16.

林毅夫.(2003)"三农"问题与我国农村的未来发展.农业经济问题,(1):19—24.

凌斌.(2014)土地流转的中国模式:组织基础与运行机制.法学研究,(6):80—98.

刘家鹏.(2003)中国"三农"问题研究观点综述.经济纵横,(8):57—60.

刘彦随.(2007)中国东部沿海地区乡村转型发展与新农村建设.地理学报,62(6):563—570.

陆铭,陈钊.(2004)城市化、城市倾向的经济政策与城乡收入差距.经济研究,(7):50—58.

史晋川.(2002)制度变迁与经济发展:温州模式研究.杭州:浙江大学出版社.

温铁军.(1999)"三农问题":世纪末的反思.读书,(12):3—11.

吴敬琏.(2002)农村剩余劳动力与"三农"问题.宏观经济研究,(6):6—9.

叶斌,王耀南,郑晓华,等.(2010)困惑与创新——新时期新农村规划工作的思考.城市规划,(2):30—35.

章凌志,杨介榜.(2007)村庄规划可实施性的反思与对策.规划师,23(2):15—17.

周振,伍振军,孔祥智.(2015)中国农村资金净流出的机理、规模与趋势:1978—2012年.管理世界,(1):63—74.

第三章

区域视角下的中国乡村发展现状

第一节 引　言

国内外乡村发展的理论与实践表明,在当前全球化、城镇化和工业化综合作用的背景下,区域是理解乡村发展的合适尺度。一方面,全球化进程的快速推进,全球劳动分工与贸易格局均发生不同程度的变化,在空间上表现为区域之间的直接联系日益增强。区域为理解全球化的冲击提供了一个合宜的尺度。另一方面,城镇化与工业化进程的推进意味着城乡社会经济联系日趋紧密。城乡之间的界限在发展过程中日趋模糊。相应地,区域能够从空间上有效整合城乡发展的需求与联系。

自改革开放以来,中国历经近四十年的快速发展。而前三十年以重工业化为导向的发展战略和以城市发展为导向的政策支撑(陆铭,陈钊,2004;陈斌开,林毅夫,2013),极大程度地压缩了乡村发展的空间,也进一步制约了区域发展的可持续性。当"三农"问题通过城乡社会经济联系的变化,以日趋多样化的形态呈现在城镇化与工业化进程中时,乡村发展逐渐受到重视。2004 年以来,每年中央政府的"一号文件"都针对"三农"问题进行部署,围绕农业发展方式转变、惠农政策制定与实施、深化新农村建设、统筹城乡社会经济发展等关键问题展开。

在区域视角下,全球化、城镇化和工业化进程迅速改变着区域内城市与乡村、工业与农业、人口与土地之间的关系。自改革开放以来,第一产业就业人员从 1978 年 28 318 万人下降至 2013 年的 24 171 万人。与之形成鲜明对比的是,第二产业就业人口从1978年的6945万人上升至2013年的23170万人,年均增长8.36%;而同期第三产业就业人口更是从4890万人增长至29636万人,年均增长12.76%。在空间上,第一产业释放出的剩余劳动力逐步向城市转移,在城乡之间形成大量"迁徙"型务工农民。同时,小城镇得到了较大发展,仅建制镇就从1978年的2176个增至2013年的20117个。伴随着城镇快速发展,耕地非农流失量也呈现扩大化倾向,从1986年的 $101×10^3$ hm^2 攀升至2004年的 $293×10^3$ hm^2,扩大了近2倍(何蓓蓓等,2008)。

此外,中国的城乡发展在不同的区域尺度下表现出截然不同的特征。在大区域层面,区域不均衡发展决定了城乡发展表现出鲜明的"沿海—内陆"的地区分异,区域之间的差异性大过共性特征。例如,农业现代化发展水平在全国呈现东高西低的态势(龙东平等,2014),东部地区建制镇规模的增长速率更是显著高于中西部和东北地区。东部地区的农用地非农化特征和耕地集约利用程度亦表现出同样的趋势(曲福田,吴丽梅,2004;邹健,龙花楼,2009)。而在村镇区域层面,城乡之间的界限日益模糊。随着小城镇的快速发展以及农村城镇化和农村非农化的实践,城乡之间的过渡地带越来越宽。过渡地带中的混合特征也日趋明显。纯粹依靠产业类型、土地利用方式以及人口特征来区分城乡景观愈发困难。城乡之间的混合性特征也催生了诸如"城中村""被上楼"等特殊的发展问题(仝德,冯长春,2009;Ong,2014)。

基于此,本章将在前两章国内外乡村发展理论与实践的启示基础上,以区域视角为切入点,剖析中国村镇区域发展特征。除了辨识大区域尺度上日益显著的村镇差异化发展特征之外,本章侧重于从村镇区域尺度理解日益紧密的城乡联系在重塑城市与乡村、工业与农业以及人口与土地之间关系所发挥的作用。在村镇区域尺度上,研究提出了"产业—人口—土地"的问题框架分析现阶段中国城乡发展主要问题的内化联系,强调村镇区域发展与空间优化的核心在于重建"产业—人口—土地"的良性循环,从而为后续章节进一步讨论村镇区域发展与空间优化的规划技术提供支撑。

第二节 村镇区域的"产业—人口—土地"的问题框架

从中国乡村发展的实践看,城乡社会经济联系的主要载体是人口、产业和土地。从城乡发展的角度看,人口和土地的非农化以及非农产业占国民经济比重的上升,是城乡发展的直接结果。人口非农化在空间上表现为跨区域迁移、省内迁移和就地转化等多种模式(Fan,2005;Liu et al.,2015)。土地非农化则表现在土地财政的激励和农村工业化的推动下,城市用地快速扩张对周边乡村各类用地的占用(Lin and Ho,2003)。非农产业在国民经济中的比重上升一方面源于城市化和工业化进程的快速推进,另一方面也在于农业发展的相对滞后(陈锡文等,2000)。值得注意的是,这三个城镇发展的直接结果同时也是互为因果的三个现象。人口非农化通过劳动力投入变化影响着产业发展和土地利用效率;土地作为承载生产与生活的基础,直接影响产业发展、农户生计与社会保障;产业发展一方面通过对收入、就业等社会经济维度产生重要影响,决定着城乡发展的基础,另一方面对资源和环境形成压力与扰动变化,影响着可持续发展的基础。由此,本书根据城乡发展结果之间的相互交织,搭建了"产业—人口—土地"的综合问题框架(图 3-1)。

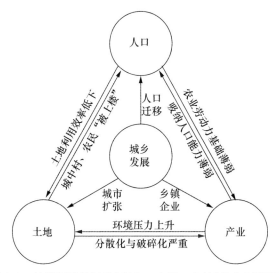

图 3-1 村镇区域发展的"产业—人口—土地"综合问题框架

从三者之间的联系看,农村剩余劳动力的转化与吸收是城乡发展产生"产业—人口—土地"的核心。20 世纪 80 年来以来,户籍制度松动催生了流动人口的出现,但户籍制度的延续也导致了城市内户籍人口与非户籍人口并存的现象。然而,以重工业化和资本密集型为导向的城市发展策略,导致城市并未有效吸纳流动人口。此外,城乡分治的制度惯性也在很大程度上导致城市充分利用流动人口作为劳动力的生产投入,但在生活与社会保障方面则相对滞后。在此背景下,兼业型农民也因此占据越来越大的比重。

然而,中国城乡人口流动的动力除了剩余劳动力产生之外,更在于城乡收入差距的扩大。城乡收入差距的扩大导致越来越多的农民更倾向于从事非农工作。兼业型农民虽然保留着农民的身份,但主要从事非农化生产,进而导致农业发展在要素投入与技术运用等方面相对滞后。在此背景下,家庭联产承包责任制的制度安排反而导致了土地的分散化与破碎化利用。土地闲置与撂荒的现象在人口流出的区域愈发普遍,成为土地低效利用和粮食安全问题的重要根源,也进一步限制了农业的发展基础。农业发展的相对滞后,则进一步扩大了城乡收入差距,而导致人口非农化的动力来源愈发偏重收入差距,而非农业效率提高所产生的剩余劳动力。此外,农业发展滞后和劳动力投入不足决定了农业发展停留在粗放特征明显的阶段,加上大量城郊工业园区的建设,导致了乡村生态环境压力的增加。

城乡发展过程中所表现出的土地非农化进程可能进一步加剧这一不良循环的影响。在城乡分治的制度惯性中,除了户籍制度之外,土地所有制的城乡分异亦是核心之一,是城镇化进程中争议较大的主题。尤其是在土地财政的激励下,城市扩张对农用地的占用影响了农用地质量。耕地占补平衡等政策更是出现了"劣田驱逐良田"等政策目标之外的"副作用"(孙蕊等,2014)。建设用地"增减挂钩"政策在执行过程中也出现了农民"被上楼"等矛盾(Ong,2014)。"城中村"等现象的出现,更是充分体现出了土地城市化过程中,城乡之间过渡地带的混合性特征所产生的复杂问题。

总体而言,人口与土地方面表现出的"城进乡退"在很大程度上导致了农业因缺乏必要的劳动力基础、有效的资源组织和必要的技术运用而导致发展相对滞后。农业发展的相对滞后导致农业收入与非农收入的差距进一步扩大,加速了人口自农村向城市的迁移。"产业—人口—土地"的不良循环由此产生,并衍生出一系列社会、环境和经济问题。

第三节 城镇化背景下人口与乡村发展

改革开放以前,中国实行严格的计划经济体制。在工业体系相对薄弱的条件下,实施以农补工、优先发展重工业的发展战略。农村支持城市、农业支持工业的倾向明显,同时也催生了户籍制度、统购统销制度等城乡分治的制度体系,城乡二元结构化特征明显,村镇区域内城乡存在清晰的分异。改革开放之后,城乡二元分割的情况逐渐松动,流动人口的规模显著提升,大量农村剩余劳动力自农村向城市迁移,带动了城乡之间社会经济联系的增强。自20世纪90年代以来,流动人口增长速度明显加快(图3-2)。1982年流动人口规模仅为657万人,占全国总人口的0.66%。2010年,第六次全国人口普查数据显示流动人口规模已达2.2亿人。流动人口在全国总人口中的比例大幅提高,高于16%。

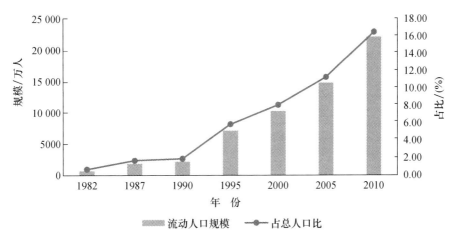

图 3-2　中国流动人口规模及其占总人口比例
资料来源:历次全国人口普查数据和全国1‰人口抽样调查数据。

与城镇化的动力模式相匹配,流动人口的空间迁移模式在不同时期存在差异,整体表现出"就近迁移—跨区迁移—省内迁移"的变化。1978~1995年,城乡分治的制度体系开始松动,农村人口的流动以短距离迁移为主,形成了以小城镇为主导的"自下而上"城镇化模式。随着改革开放的进一步深化,中国逐步形成了以出口为导向的外向型经济,东部沿海地区以其独特的区位优势在外资利用和政策支持等方面占据比较优势。资本密集型产业的快速发展,吸引了大量劳动力的流入,形成了以跨省、跨区域的长距离迁移为主导的人口迁移模式。外来人口向大城市的迁移模式成为推动城镇化进程的主要力量(殷江滨,李郇,2012),在空间上形成从中西部地区向东部和东南沿海地区流动的特征(郑真真,2013),成为影响村镇区域自东向西发展分异的重要因素。近年来,随着沿海产业向内陆迁移以及区域发展策略逐步从不平衡战略向再平衡战略转移,劳动力回流的趋势明显。回流劳动力并非回到乡村,而是表现出省内迁移的特征,特别是家乡所在的县城,成为推动小城镇发展的重要动力(李郇,殷江滨,2012;王利伟等,2014)。

一、人口迁移与区域层面的乡村发展路径差异

流动人口从"就近迁移—跨区迁移—省内迁移"的模式转换,构成了城乡联系在全国大区域之间的显著差异。直观地表现在小城镇和乡镇企业的发展在东中西部地区之间存在显著差异。1978年全国建制镇数量仅为2173个。改革开放以来,小城镇进入快速发展期,至2000年建制镇数量达到19 780个,扩大了8

倍。然而,不同地区的增长速率不尽相同,东部地区显著高于中西部地区。建制镇的分布重心明显向东偏移。东部建制镇的比例从1978年的32.3%增长至2000年的43.5%。而中、西部分别从38.7%和29%下降到30.7%和25.8%(表3-1)。

表3-1 东中西部地区建制镇数量及其占全国比例变化

年份	东部		中部		西部		全国	
	数量/个	占比/(%)	数量/个	占比/(%)	数量/个	占比/(%)	数量/个	占比/(%)
1955	1859	41.4	1584	35.3	1044	23.3	4487	100
1978	701	32.3	842	38.7	630	29.0	2173	100
1984	2867	39.9	2773	38.6	1546	21.5	7186	100
1995	7902	45.1	5432	31	4198	23.9	17532	100
2000	8614	43.5	6070	30.7	5093	25.8	19780	100

数据来源:刘晓鹰等.(2008)中国西部欠发达地区城镇化道路及其小城镇发展研究.北京:民族出版社.

从乡镇企业的角度看城乡联系的区域差异,全国不均衡的现象亦十分突出。乡镇企业发展较好的乡镇集中在东部地区,典型的乡镇企业发展模式也以东部地区的经验为代表,如苏南模式、温州模式和珠三角模式等。相比之下,中西部地区的乡镇企业发展较为落后。尽管从数量上看,全国超过84%的乡镇企业分布在东部和中部地区,中部与东部地区的企业数量相当,西部地区仅占14.61%(表3-2)。然而,从从业人员、增加值、总产值等指标看,东部地区远大于中西部地区。东部地区乡镇企业吸纳就业达到了全国乡镇企业从业人员的一半以上,大于其企业数在全国的占比。东部地区产值、利润和税金等指标的占比亦均在65%以上。由此可见,东部与中部地区的乡镇企业在量上相当,但东部地区乡镇企业的质量优于中部地区。西部地区的乡镇企业在量和质方面均相对落后。这也在一定程度上导致了西部地区成为全国流动人口输出地。

小城镇和乡镇企业是"自下而上"城镇化重要的动力来源。东中西部地区在小城镇规模和乡镇企业质量上的显著差异,决定了村镇区域发展的路径差异。东部地区的乡镇受到城镇化的带动作用更为显著,一方面东部地区村镇就地发展的动力较为显著;另一方面东部地区城市的发展需求较之中西部地区城市更为旺盛,对于乡村的辐射带动作用也较强。相比之下,中西部地区受人口跨区迁移与省内迁移的影响,村镇发展首先缺乏必要的劳动力基础。村镇发展相对停滞甚至是衰退。较之于东部地区城市日益增强的扩散效应(叶磊,欧向军,2012),中西部地区的城市发展极化特征更为显著(谢磊等,2013),也在一定程度上造成了乡村发展与东部地区截然不同的特征。

表 3-2 2002 年中国东中西部地区乡镇企业发展

	东部/(%)	中部/(%)	西部/(%)
企业数	42.37	42.02	15.61
从业人员	51.65	37.88	10.47
增加值	65.03	29.17	5.80
总产值	67.13	27.18	5.69
营业收入	66.47	26.80	6.72
利润总额	64.98	27.11	7.90
上缴税金	71.18	21.71	7.11
所得税	78.13	17.84	4.03

数据来源：刘晓鹰等. (2008) 中国西部欠发达地区城镇化道路及其小城镇发展研究. 北京：民族出版社.

二、人口迁移与村镇区域的城乡联系

从村镇区域层面看，人口从乡村向镇区的流动是村镇区域内部城镇化的主要动力来源。由此可见，早期的"就近迁移"与近来伴随劳动力回流所增加的"省内迁移"是人口迁移模式对于村镇区域内城镇化的直接贡献。相比之下，"跨区迁移"及其"候鸟式"迁移特征则在一定程度上整体影响了村镇区域发展的劳动力基础。这一点亦反映在从小城镇发展对城镇化进程贡献的变化中（表 3-3）。自改革开放以来，中国城镇化总体水平从 1978 年的 17.9% 跃升至 2010 年的 50.3%。镇人口在总人口中的比重总体从 1978 年的 5.5% 上升至 2010 年的 20.0%。但从镇人口对城镇化的贡献（镇人口占城镇总人口的比重），呈现出先升后降再上升的变化特征，与人口迁移模式的变化特征存在一定的关联性。这也从侧面体现出在村镇区域内，城乡联系从"增强—削弱—再强化"的变化。

表 3-3 城镇人口相关数据

年 份	城镇总人口/万人	城镇化水平/(%)	镇人口/万人	镇人口/总人口/(%)	镇人口/城镇总人口/(%)
1978	17 230.4	17.9	5294.2	5.5	30.7
1982	21 449.0	21.1	7115.8	7.0	33.3
1990	30 183.9	26.4	10 747.3	9.4	35.8
1996	35 982.4	29.4	15 053.8	12.3	41.8
1998	37 942.2	30.4	16 974.2	13.6	44.7
2000	45 877.1	36.9	16 613.8	13.4	36.2
2010	67 000.6	50.3	26 624.6	20.0	39.7

数据来源：(1) 1978~1998 年数据引自俞燕山（2000）或根据其数据计算而得；(2) 2000 年和 2010 年数据分别来自国家统计局公布的第五次和第六次全国人口普查数据.

从动力特征上看,改革开放初期的城镇化主要依托于乡镇企业发展对本地劳动力的吸纳。村镇区域内部城乡联系的强化依托于长期为制度限制所积累的剩余劳动力的释放。值得注意的是,尽管大量研究将农村剩余劳动力转化视为城乡联系的主要内容,但仍存在争议。首先,我国农村具有高比例、大规模的农村剩余劳动力正逐步成为一个教条式的认识,缺乏经验证据的支持(蔡昉,2007)。尤其是在考虑年龄结构之后,目前农村剩余劳动力的比例应有比较明显的下降。其次,城市偏向性的发展模式与农业发展的相对滞后,造成城乡收入的日益扩大。改革开放之初,全国城乡居民人均纯收入比值为2.57∶1,到2002年该比例突破3∶1。2009年更是达到最高值3.33∶1(图3-3)。日益扩大的城乡收入差距逐渐成为村镇区域内部城乡联系的重要动力。相比于农业生产率提升所产生的剩余劳动力,农业收入的偏低激发了更大比例的劳动力从事非农生产。

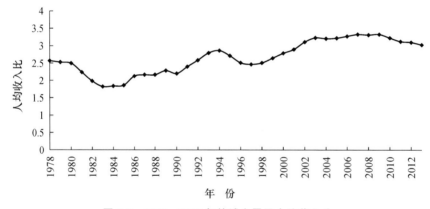

图3-3 1978~2013年的城乡居民人均收入比

数据来源:根据2014年《中国统计年鉴》和国家统计局网站公布数据整理计算所得.

从人口看村镇区域层面的城乡联系特征,除了劳动力在城乡之间的流动之外,农户兼业化特征的形成亦是村镇区域内城乡联系的直接表现。农户兼业化是在城乡收入差距日益扩大的情况下,依赖土地资源的收入效应与替代效应,兼顾收入增长和社会保障的生计模式(杨渝红,欧名豪,2009)。农户兼业化的生计策略一方面催生了小城镇发展的动力,另一方面也改变了农业生产的要素投入(李庆等,2013)。现阶段,农户兼业化的生计模式催生了家庭成员个体层面的专业化和家庭整体层面的专业多样化(向国成,韩绍凤,2005),家庭生活空间横跨城镇与乡村。这一点亦体现在农民工规模结构中,即外出农民工的数量显著高于本地农民工,且举家外出农民工所占的比重较小。外出农民工以住户中外出农民工为主(表3-4)。这种家庭生活空间的分离弱化了农村生产与生活功能之间的联系。生产与生活功能的分离亦成为乡村基础与公共服务设施配置难度增加的主要原因之一。

表 3-4 2008～2013 年全国农民工规模结构

指标/万人	2008 年	2009 年	2010 年	2011 年	2012 年	2013 年
农民工总量	22 542	22 978	24 223	25 278	26 261	26 894
1. 外出农民工	14 041	14 533	15 335	15 863	16 336	16 610
(1) 住户中外出农民工	11 182	11 567	12 264	12 584	12 961	13 085
(2) 举家外出农民工	2859	2966	3071	3279	3375	3525
2. 本地农民工	8501	8445	8888	9415	9925	10 284

数据来源:国家统计局《2013 年全国农民工监测调查报告》。

综上所述,改革开放以来人口流动格局的变化与城乡发展之间的联系无疑是紧密的。随着区域发展政策与城镇化动力的变化,在全国层面人口流动的格局依次形成了"就近迁移—跨区迁移—省内迁移"为主导的局面,而在村镇区域内城乡联系也相应表现出"增强—削弱—再强化"的变化。人口流动格局的变化产生的影响是多元的。在大区域尺度上,人口迁移模式的变化部分导致了不同区域之间乡村发展特征与路径的差异,东部沿海地区的乡村发展与城镇化路径紧密关联,而西部地区乡村在农业发展相对滞后的现状下普遍表现出衰退特征。与此同时,在村镇区域尺度上,人口迁移动力的变化亦在一定程度上决定了城乡联系内容和强度的变化。随着农村剩余劳动力比例的下降,城乡收入差距取代制度约束成为城乡人口流动的关键因素。而城镇化进程的相对滞后,导致了劳动力回流至小城镇,农户兼业化的生计特征日趋显著。在此背景下,乡村发展的生产与生活联系日益减弱。从村镇区域的视角看,城乡发展势必将面临重新的空间整合与优化。

第四节 工业化背景下产业与乡村发展

基于产业发展的内生增长过程对中国改革开放以来的快速发展发挥了重要作用(Friedmann,2006;李富强等,2008),但内生增长"正反馈"形成过程在区域之间存在显著差异,且受到外来资本、技术进步、区域联系等因素的影响(邱晓华等,2006;石敏俊等,2006;何平,骞金昌,2007)。在实践中,包括资本、技术、区域联系等外因可能成为触发地区发展的特定因素。此后产业发展既可能出现基于内生增长的"正反馈"循环,也可能因缺少进一步增长的综合条件而陷入停滞和衰退。

从区域层面看,工业化对村镇发展的直接贡献表现在对农村剩余劳动力的吸纳。在区域层面,改革开放以来沿海地区在外资拉动与政策支持下形成了以劳动力密集型为基础的出口导向型经济,极大带动了东部地区村镇区域的整体发展。相比之下,内陆地区以对外资源输出和地方性消费为主的产业结构使其村镇区域发展因劳动力的大量外迁而呈现停滞。自2008年全球金融危机以来,区域发展政策试图调整区域发展动力自出口导向朝着提振内需的方向发展。全国产业分工格局逐步发生变化。一方面,以出口为导向的东部产业增长面临瓶颈,劳动力成本上升,处于产业链低端的、贴牌代加工式的生产方式逐渐被转型升级后的产业所替代。另一方面,内陆以资源输出为主的产业增长方式难以为继,力求承接部分沿海地区的产业转移,并根据自身资源禀赋发展特色产业,以产业发展为基础为返乡农民工创造就业岗位。

从村镇区域层面看,镇域作为连接城市与乡村的一级过渡性行政单位,既具有城市的集聚性,也具有乡村的根植性。相较于乡镇,村域的发展则具有更强的地方化特点与历史路径依赖性,相应也具有更多的差异性和偶然性。总体而言,村镇可以按照发展动力分为工业化、城市化外部动力驱动主导和农村自我发展主导型(张富刚,刘彦随,2008)。但无论哪一种模式,都是在更大尺度内的工业化进程背景下,同时结合当地区域特征的根植性,在寻求一条适合本地经济的发展路径。

一、产业结构与区域层面的村镇发展差异

第一产业是镇域内吸纳就业人口最多的行业,但近年来农业从业人口有所下降,而第三产业就业比例有所上升。从2008年以来各地区产业就业结构来看(表3-5),东部地区镇域产业就业结构明显异于其他地区,一产从业人员比例明显少于其他地区,第二产业就业人口比例远远高于其他地区,三产就业比例则与其他地区基本持平。近年来,东部地区镇域产业结构比较稳定,三产就业人口比例有所增加。中部地区农业人口比例从2007年的52.59%降至2011年的46.11%,二、三产业从业比例均有所上升。西部与东北地区的产业结构比较相似,第一产业从业人口均超过一半,近年来农业从业人口略有下降,第三产业人口比例逐年上升。东部地区镇域与其他地区的产业结构差异主要体现在较为发达的第二产业。此外,从近年来的发展趋势可以看出,随着农业劳动生产率的上升,第一产业从业人员减少,广大中西部地区的第二产业仍未恢复到2008年之前的生产水平,第三产业吸纳就业比例在逐年上升,在镇域经济中的作用逐渐显现。

表 3-5　2008～2012 年各地区镇内人口就业结构

三次产业就业结构	东部地区	中部地区	西部地区	东北地区
2008 年				
2010 年				
2012 年				

■ 第一产业　　■ 第二产业　　■ 第三产业

数据来源:2008 年、2010 年和 2012 年《中国建制镇统计资料》.

若以企业个数表征镇域经济活力,全国总体呈现自东部向西部地区递减的趋势,东部地区优势明显,东北地区的镇域经济活力最为薄弱。虽然东北地区具有较为雄厚的工业基础,但以资本密集型和国有企业为主体的经济结构决定其镇域经济的发展明显滞后于其他区域。此外,东部地区以其良好的产业基础维持了较好的发展抗性,相比之下其他地区对于外部冲击较为敏感,村镇发展表现出显著波动。自 2008 年全球金融危机以来,全国各地区的乡镇企业发展都受到不同程度的冲击(表 3-6)。其中,企业减少幅度最大的是东北地区,其次是西部和中部地区。2010 年之后,东部地区已恢复至危机前的水平,且工业企业数量稳中有升。中部地区虽然表现出回升态势,但尚未达到危机前水平,且中部地区的回升态势更多依靠工业企业的增加。尽管镇域企业数量仍低于 2008 年,但其工业企业数量已超过 2008 年的水平。相比之下,西部地区和东北地区并未从冲击的影响中恢复,镇内企业数量显著减少,且低于 2008 年水平。从工业企业个数来看,东部地区的领跑优势仍然显著,且占总企业个数的比例也远远高于其他地区。由于东北地区具有工业传统基础,西部地区成为受到冲击最强烈的地区。

表 3-6　2008～2012 年各地区建制镇企业数量

镇平均规模	2008	2010	2012	年平均增长率/(%)
企业个数/万个				
东部地区	441.58	415.24	440.32	0.28
中部地区	188.96	171.71	180.40	−1.51
西部地区	200.47	155.90	156.91	−4.63
东北地区	36.42	24.21	24.50	−6.93
工业企业个数/万个				
东部地区	202.30	196.20	202.86	0.37
中部地区	64.89	62.07	67.91	0.01
西部地区	46.54	37.52	37.46	−4.19
东北地区	9.97	8.44	8.93	−2.38

数据来源:2008 年、2010 年和 2012 年《中国建制镇统计资料》.

此外,西部和东北地区作为后发地区,镇域内的基础设施建设状况也显著落后于东部和中部地区。若以单位面积内公路里程表征镇域基础设施建设,西部和东北地区与东部和中部地区存在较大差距。前者公路密度仅为后者的三分之一,且绝对增长速度低于后者(图 3-4)。

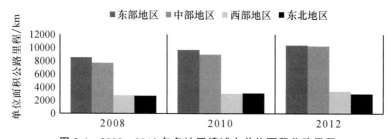

图 3-4　2008～2012 年各地区镇域内单位面积公路里程
数据来源:2008 年、2010 年和 2012 年《中国建制镇统计资料》.

二、产业发展与村镇区域的发展路径差异

传统的村镇区域产业发展以农业生产为主导,随着工业化进程的逐渐深入,不同区位、不同资源禀赋的村镇大多呈现混合型结构。在工业化侵入过程中,非农产业作为劳动生产率较高的一方占决定性地位,即非农产业的发展决定了一个地区的经济水平和工业与农业的发展关系。一般说来,距离区域内中心城市距离越近,受到城市空间辐射影响越大,其承载的非农产业比重也越高。相反,区域边缘地带的村镇受到城市集聚带动作用小,运输成本高,非农产业基础比较

薄弱,以传统农业生产为主导。不同的产业结构决定了不同的发展路径:工业化主导村镇需要扭转工业对于村镇资源的"掠夺"地位,打造地方品牌;经济实力薄弱的地区则亟待利用产业转型的机遇寻求发展特色。在实践中,由非农产业与农业之间的不同关系而生发出的差异化村镇区域发展路径,表现出了更强的本地化色彩与区域根植性。

"以工促农,以企兴村"是最为典型的以工业企业带动的村镇区域发展路径。近年来涌现出诸多具有代表性的案例,如北京市昌平区北七家镇郑各庄村、山东省邹平县韩店镇西王村等。此类村镇区域通常具有较好的区位优势,同时具备一定的发展基础条件。依托于强有力的领导者(能人),通过整合、盘活区域内的土地或劳动力资源,发展工业企业。通过工业反哺农业,最终带动村镇区域的综合发展,通常集中兼有村镇工业园区和农村新社区。

与对工业高度依赖相对的典型发展模式是"一村一品,一镇一业"。该模式以农村自我发展为主导,依托于村镇自身特色的资源条件和产业基础。"一村一品"运动起源于20世纪70年代末的日本乡村,旨在以村为基础,根据市场需求充分挖掘本地优势,通过大力发展有特色、价值高、影响力大的拳头产品,以规模化、标准化、市场化和品牌化建设推进,从而提升村域的经济实力。"一村"可以拓展至几个村或是一乡、一县。"一品"除了特色农产品之外,也包括当地特色的文化或旅游产品。中国自20世纪80年代引入"一村一品"以来,东部地区出现了大量的二、三产业和外向型专业村镇,西部地区则形成大量特色农业产业区,例如陕西2008年全省"一村一品"专业村已逾2000个,产品涉及粮、果、蔬、畜、手工艺、农产品加工等类型,而浙江省诸暨市大唐镇形成了全国最大的以袜业生产为特色的专业化产业区。

总体而言,随着城镇化进程不断深入,部分村镇被纳入城市建成区,但仍有大部分村镇区域作为承载农业生产的主要载体,负担着农业生产的重任。要处理好村镇区域农业与非农产业的关系,必须立足村镇资源禀赋培育农村发展潜力,增强工业化的驱动力,不断优化产业结构,增强三次产业之间的联动发展,与村镇区域的社会经济相匹配,完善产业生态环境以保证村镇区域产业的可持续发展。村镇发展涉及对象多,尺度广,具有显著的区域差异性,同时又对政策、市场等不稳定性因素敏感,其发展路径随着时代的发展还会生发出许多分支,但典型实证研究表明,协调好不同产业之间的关系,提高村镇区域综合发展能力,是工业化转型背景下村镇良性发展的根本途径。

第五节 中国村镇区域发展的主要人地矛盾

人地矛盾问题的核心归根结底是土地供需不协调的矛盾。有限的土地资源无法满足人类活动庞大的空间需求,而人类对土地资源的开发利用往往带来负面效应,危害程度大小取决于人类对土地的利用方式。村镇是中国人地矛盾的前沿区域和焦点,表现为农业发展、农民生计与有限的土地资源之间的潜在冲突,具体与生产力水平、土地制度安排、农村劳动力、生产组织、土地资源保护等一系列因素息息相关。当前,中国村镇区域人地矛盾日益尖锐,部分地区用地规模和开发力度即将或者已经超过了土地资源承载力上限。随着城镇化进程的不断推进,村镇区域人地关系面临着土地供给与需求的矛盾、土地利用效率的问题、土地可持续利用等主要问题(陈志刚等,2010)。与此同时,土地问题又与社会经济、生态环境问题相交织,人口、产业、制度、环境等一系列因素都显著影响着人地矛盾的走向(刘纪远等,2003)。由此可见,土地既是村镇区域发展的资源基础,也村镇区域社会经济与生态环境协调发展的关键所在。

一、农用地快速非农化的矛盾

在城镇化、工业化和全球化进程的综合作用下,城市发展与土地利用结构之间相互关联(黄志基等,2013),城乡建设用地总量表现出持续扩张的态势。中国土地勘测规划院发布的《全国城镇土地利用数据汇总成果分析报告》显示,在2009~2013 年间全国城镇土地面积增加 131.9×10^4 hm²。其中,城市土地面积增幅 14.5%,而建制镇土地面积增幅达到 21.7%。7.2% 的差距也从侧面反映出了近年来小城镇的快速发展。伴随城镇快速扩张的是用地需求的迅速增加。在城镇建设空间基本饱和的状态下,为满足城镇用地扩张的需求,城郊与农村地区的农用地成为最为直接的供地来源。农用地非农化亦成为改革开放以来,城镇建设用地的主要来源。据统计,1978~2003 年共有 470.15×10^4 hm² 的农用地转化为建设用地(周京奎,王岳龙,2010)。

农地非农化是城镇化进程的必然现象,但过快的农地非农化进程势必将产生一系列矛盾。长期以来,土地财政被视为导致农地非农化矛盾产生的制度根源。在实践中则表现为"开发区热""房地产热"等现象背后的土地出让收入获益。尤其是在经济快速发展的东部地区,农地非农化所产生的制度收益成为地方政府行动激励的关键因素(杨志荣,吴次芳,2008)。制度收益的存在,激发了地方政府通过低价甚至是零地价出让工业用地发展地方经济,同时通过房地产项目开发过程获取土地出让收益,对农用地非农化形成双重压力。此外,农用地非农化进程的区域差异与社会经济发展、人口与要素流动在区域上的不均衡特征相匹配。实证研究表明,东西部地区的农地非农化表现为制度驱动型,而中部地区则为发展驱动型(杨志荣等,2008);在城市层面上,大城市的农地非农化进程受集聚经济发展和房地产投资的驱动,而中等城市的农地非农化进程则受非农人口增加产生的需求提升影响(周京奎,王岳龙,2010)。

农用地非农化利用所产生的矛盾是多元的,直接指向了粮食安全、农业现代化、失地农民保障、社会冲突等方面。粮食安全是农地非农化进程中导致耕地流失所引发的关键矛盾。实证研究发现,1985~2010年间中国耕地流失与粮食净进口高度相关(程传兴等,2014)。非农化过程造成的不仅是耕地数量的直接流失,被占用耕地在近期内难以恢复耕作或永久丧失耕作能力将进一步造成耕地的隐性流失(傅泽强等,2001)。除了数量变化之外,耕地质量在非农化过程中表现出的下降趋势亦是矛盾的焦点。除了粮食安全,农地非农化所产生的一系列社会公平问题直观地体现着人地矛盾的日趋尖锐。自2004年以来,农村土地所造成的社会冲突在数量、规模和程度都有扩大化倾向。据估计,仅2006年土地冲突酿成的群体性事件在18 000件以上(刘祖云,陈明,2012)。与此同时,农地快速非农化进程所产生的"城中村"问题更是进一步将非农化过程中的"半城市化"议题推向了制度与政策改革的前沿。

尽管针对上述矛盾,中国实施了十分严格的耕地保护政策,除了土地用途管制与总量控制之外,针对耕地和城镇建设用地之间的矛盾还提出了"占补平衡"和"增减挂钩"的政策。由于问题的复杂性,耕地保护政策在实施过程中依旧出现了一系列问题。例如,"占补平衡"政策以量为导向的保护思路,在实践中不可避免了产生了"占优补劣"的问题,即城市发展占用了良田、补充的耕地质量低下,进而导致耕地质量的整体下降。此外,个体执行过程中也面临耕作半径增大等弊端(杨俊等,2015)。"增减挂钩"政策在延续"占补平衡"政策思路的基础上,侧重于通过鼓励农村建设用地整理,调整城乡建设用地的结构,实现保护耕地与保障发展的双重目标。然而在实施过程中,也不可避免了出现了为争取城市建设用地指标而导致农民"被上楼"的现象(郑风田,付晋华,2007;叶敬忠,孟英华,2012)。

二、土地低效利用的矛盾

农用地快速非农化矛盾侧重于土地面积变化所引发的矛盾,而土地低效利用矛盾则聚焦于土地利用质量所导致的问题。对土地低效利用中"低效"的界定,可存在广义和狭义两类。广义上的"低效"指代存量用地在规模、结构和效率等方面的不合理利用现状(郭志仪,隆宗佐,2008),包括土地闲置、重复建设、用地比例失衡、空间布局失当、利用效率不足，甚至是土地开发过度等均属于低效利用现象。狭义上的"低效"主要强调存量用地的利用强度和产出效益与现阶段土地价值不匹配的利用现状，使得地租与开发成本之间的关系满足实施土地再开发的条件。广义的低效利用土地，主要从"自上而下"的视角来理解低效的内涵，即侧重于从土地利用格局的角度切入，不仅考虑宗地的实际利用情况，同时还强调土地不合理利用所产生的负外部性。相比之下，狭义的低效利用土地强调从"自下而上"的视角来理解低效的内涵，即侧重于评估地块的实际利用效率。通过用地效率的提升及其所衍生的正外部性，实现对土地利用的优化。

在区域层面，土地低效利用的矛盾直观表现在土地城镇化与人口城镇化的不匹配。大量实证研究分别从全国、省、市、县等不同层面分析土地城镇化与人口城镇化的协调关系，结果发现现阶段我国的人口和土地城镇化并不匹配（李昕等，2012），人口城镇化滞后于土地城镇化进程（陈凤桂等，2010；曹文莉等，2012），意味着城市化过程中潜在的空间快速扩张和蔓延式发展倾向。过快的土地城镇化进程将导致占地、圈地、毁地现象加剧（范进，赵定涛，2012），是土地低效利用的重要根源之一。

除了土地城镇化过快造成的低效利用，现阶段人口城镇化质量不高本身也是农村土地低效利用的根源。人口城镇化进程中吸引了农村青壮年劳动力从农村向城镇、从农业向非农产业流动。在土地流转机制不完善、城乡收入差距扩大化的背景下，农村土地闲置成为中国大量乡村的现实写照。一方面，以留守老人、妇女与子女为劳动主体的农用地投入与利用效率低下，甚至直接闲置；另一方面，农民生活空间逐步向城镇迁移，宅基地低效利用或闲置的现象大量出现，形成了独特的"空心村"现象。

除了投入不足与布局失当所造成的城市与乡村、建设用地与农用地存在的土地低效利用问题之外，区域产业结构的调整与优化也催生了土地低效利用矛盾的产生。土地是经济活动、产业发展的重要载体，产业结构调整也是用地变化的主要驱动力（孟媛等，2011）。随着工业化水平的不断提高，资本累积过程逐步完成。加之高强度的工业开发活动使得土地稀缺问题不断加剧，经济发展逐步从以土地替代资本向以资本替代土地转变（袁利平和谢涤湘，2010）。这将促使土地利用集约程度不断增加，土地供给也倾向于向高级产业部门集聚。这就导致了"朝阳产业"逐步转变为"夕阳产业"的过程中将导致其用地效益大幅下降。由此可见，乡村地区生产与生活空间土地利用效率的提升，并非仅仅在于空间调整与规模化利用，切实提升农业的品位同样是改善农村土地低效利用的重要途径。

三、生态环境恶化的矛盾

土地利用变化是一个受多因素综合影响的过程,涉及自然环境变化和社会经济发展所产生的综合作用(后立胜,蔡运龙,2004)。与此同时,土地利用变化的影响也是多元的,其被认为是影响全球生态系统、生物地球化学、气候变化以及人类脆弱性的决定性因素之一(Verburg et al.,2009)。在土地利用变化复杂的成因和多元的影响中,人为活动发挥着显著作用(Linderman et al.,2005;Wijesekara et al.,2012)。人为活动对地表的改造在满足人类生活需求、提高生活质量的同时,也在不同层面上影响着生态环境系统(DeFries and Eshleman,2004)。受人类活动驱动的土地利用变化影响而产生的土地退化、水生态平衡失调、植被破坏和生物多样性锐减等现象日趋明显。而土地利用变化所产生的影响也将进一步地作用于人类活动,导致包括灾害风险增加、水资源短缺,经济发展受限,生存质量下降在内的一系列问题日趋严峻。

从土地利用类型的变化上看,人为活动对土地的开发利用行为总体上表现为弱化土地的复合功能、强化特定功能的专业化过程。这一过程将极大程度改变土地的生态系统服务功能,从而对生态环境产生影响(李双成等,2011)。例如,城镇化进程中表现出的农田、草地、水体等生态系统服务功能较高的地类向建设用地、裸地等功能较低的地类转化,实质上是通过土地利用类型的转变将生态价值转换为社会经济价值。从土地利用方式的变化上看,当下农业生产机械化水平和科技贡献相对较低,农业生产高度依赖化学肥料的投放,有机肥料的使用比例总体下降,造成水和土壤污染严重,进而反作用于农业生产过程。类似的,乡村工业化发展路径下乡镇企业的快速发展,村镇区域的三废排放迅速增加,同样对水和土壤产生消极影响。

值得注意的是,生态环境恶化矛盾表现出高度的尺度敏感性。在不同的空间尺度上,矛盾主体存在显著差异(蒙吉军等,2012)。尺度的放大导致异质性不断增强,将弱化相对精细的影响因素的作用,宏观层面的影响因素的作用将变得显著。从"田块—农场—流域或景观—区域或国家—全球"对应的主要因素对应于"农业技术—微观经济—生态因子—宏观经济与社会因子—宏观生态因子"(傅伯杰等,1997)。

综上所述,村镇区域作为城乡联系日益强化背景下乡村发展空间载体,人地矛盾呈现出复杂化倾向。村镇区域发展对土地利用类型、结构、强度的改变和制度安排的变化,是区内人地矛盾的集中体现,也是村镇区域可持续发展的现实背景。土地城镇化与人口城镇化的快速推进及二者的不匹配,造成了城市与乡村土地集约和节约利用程度的低下。经济发展过程中产业结构的调整亦不可避免地导致了城乡土地的低效利用。此外,土地利用类型与方式的变化在影响土地利用效率的同时,改变了生态服务功能,成为土地利用负外部性的根源。综上所述,在村镇区域的视角下,人地矛盾的调节不仅在于传统的增加投入强度、优化空间布局等举措,提升农业的品位,同时在发展过程中将环境成本(例如,生态系统服务功能的损失)纳入考量亦是重要的方面。

第六节　启示:重建"产业—人口—土地"的良性循环

本章以"产业—人口—土地"的复合框架分析了改革开放以来,全球化、城镇化与工业化共同作用下的村镇区域发展所表现出的特征与面临的矛盾。长期以来,产业、人口和土地在城乡分治的制度惯性下表现出了显著的城乡差异化特征。改革开放以来,社会经济的快速发展显著改变了城乡联系的方式与强度,城乡之间的边界随着要素流动而趋于模糊,城乡空间之间的过渡地带日趋扩大。作为城乡联系的核心主体,产业、人口和土地变化过程相互交织、互为前提,是城乡之间过渡空间混合性与复杂性的主要来源。

改革开放以来经济快速发展所形成的"产业—人口—土地"相互作用在村镇区域呈现出不同程度的负反馈。在制度因素作用下所累积的农村剩余劳动力短时间内的释放在极大程度上推动了人口城镇化进程。人口迁移首先从就近迁移逐步转向跨区迁移,再转向省内迁移的变化趋势在很大程度上极大削弱了村镇区域发展的劳动力基础,同时也导致了农村土地的低效利用。以重工业化和资本密集型为导向的产业发展政策弱化了城镇化有效吸纳剩余劳动力的能力,导致了"半城市化"现象的出现,成为城乡土地低效利用的根源之一,同时也迫使城镇化动力从农村剩余劳动力的产生转向日益扩大的城乡收入差距。人口和产业所导致的人地矛盾日趋尖锐,也迅速反作用于城乡发展。一方面,土地量质齐降制约农业发展,投入不足、分散化的利用方式严重制约了技术投入与运用的能力;另一方面,农地非农化进程与城乡用地结构的不协调也进一步制约了乡村公共服务供给和社会保障完善,进一步扩大了城乡之间的实际差距。

在村镇区域的视角下,可以清晰地看出乡村发展所面临的产业、人口和土地问题并非孤立现象。城乡统筹的发展势必需要在村镇区域的尺度下重建"产业—人口—土地"之间的良性循环。长期以来被忽视的农业发展是问题的核心。首先,理论上人口由乡至城的动力是农村剩余劳动力的产生,但剩余劳动力产生应源于技术进步所致农业生产率的提高。要扭转中国过去快速发展过程中依托于制度惯性和城乡收入差距所产生的剩余劳动力,应当寻求农业发展实现技术创新和劳动生产率提升。其次,农业现代化并非一定等同于规模化与专业化经营。通过土地流转实现适度规模经营,满足技术投入和机械化生产的门槛规模固然是传统农业现代化的模式之一。但更重要的是因地制宜寻求合适的农业业态,以灵活有效的产业组织形式提升农业效益,更契合当下农业现代化的诉求。由此可见,以支持农业发展为核心的意义在于提升资源利用效率。通过资源利用效率的提升将缓解人地矛盾,进而为实现村镇区域的可持续发展奠定基础。

参 考 文 献

DeFries, R., Eshleman, K. N. (2004) Land-use change and hydrologic processes: a major focus for the future. Hydrological Processes, 18(11): 2183—2186.

Fan, C. C. (2005) Interprovincial migration, population redistribution, and regional development in China: 1990 and 2000 census comparisons. The Professional Geographer, 57(2): 295—311.

Friedmann J. (2006) Four theses in the study of China's urbanization. International Journal of Urban and Regional Research, 30(2): 440—451.

Linderman, M. A., An, L., Bearer, S., et al. (2005) Modeling the spatio-temporal dynamics and interactions of households, landscapes, and giant panda habitat. Ecological Modelling, 183(1): 47—65.

Lin, G. C. S., Ho, S. P. S. (2003) China's land resources and land-use change: insights from the 1996 land survey. Land Use Policy, 20(2): 87—107.

Liu, T., Qi, Y. J., Cao, G. Z., et al. (2015) Spatial patterns, driving forces, and urbanization effects of China's internal migration: county-level analysis based on the 2000 and 2010 census. Journal of Geographical Science, 25(2): 236—256.

Ong, L. H. (2014) State-led urbanization in China: skyscrapers, land revenue and "concentrated villages". The China Quaterly, 217: 162—179.

Verburg, P. H., Steeg, J., Veldkamp, A., et al. (2009) From land cover change to land function dynamics: A major challenge to improve land characterization. Journal of Environmental Management, 90(3): 1327—1335.

Wijesekara, G. N., Gupta, A., Valeo, C., et al. (2012) Assessing the impact of future land-use changes on hydrological processes in the Elbow River watershed in southern Alberta, Canada. Journal of Hydrology, 412—413: 220—232.

蔡昉. (2007) 破解农村剩余劳动力之谜. 中国人口科学, (2): 2—7.

曹文莉,张小林,潘义勇,等. (2012) 发达地区人口、土地与经济城镇化协调发展度研究. 中国人口·资源与环境, 22(2): 141—146.

陈斌开,林毅夫. (2013) 发展战略、城市化与中国城乡收入差距. 中国社会科学, (4): 81—102.

陈凤桂,张虹鸥,吴旗韬,等.(2010)我国人口城镇化与土地城镇化协调发展研究.人文地理,25(5):53—58.

陈锡文,杜鹰,唐仁建,宋洪远.(2000)论新阶段农业和农村经济的战略性结构调整.管理世界,(1):146—150.

陈志刚,曲福田,韩立,等.(2010)工业化、城镇化进程中的农村土地问题:特征、诱因与解决路径.经济体制改革,(5):93—98.

程传兴,高士亮,张良悦.(2014)中国农地非农化与粮食安全.经济学动态,(7):87—96.

范进,赵定涛.(2012)土地城镇化与人口城镇化协调性测定及其影响因素.经济学家,(5):61—67

傅伯杰,陈利顶,马诚.(1997)土地可持续利用评价的指标体系与方法.自然资源学报,12(2):112—118.

傅泽强,蔡运龙,杨友孝,等.(2001)中国粮食安全与耕地资源变化的相关分析.自然资源学报,16(4):313—319.

郭志仪,隆宗佐.(2008)对我国城市土地低效利用的经济学反思.学术论坛,(3):125—128.

何蓓蓓,刘友兆,张健.(2008)中国经济增长与耕地资源非农流失的计量分析.干旱区资源与环境.22(6):21—26.

何平,骞金昌.(2007)中国制造业:技术进步与就业增长实证分析.统计研究,(9):3—11.

后立胜,蔡运龙.(2004)土地利用/覆被变化研究的实质分析与进展评述.地理科学进展,23(6):96—104.

黄志基,贺灿飞,王伟凯.(2013)土地利用变化与中国城市经济增长研究.城市发展研究,20(7):35—43.

李富强,董直庆,王林辉.(2008)制度主导、要素贡献和我国经济增长动力的分类检验.经济研究,(4):53—65.

李郇,殷江滨.(2012)劳动力回流:小城镇发展的新动力.城市规划学刊,(2):47—53.

李庆,林光华,何军.(2013)农民兼业化与农业生产要素投入的相关性研究——基于农村固定观察点农户数据的分析.南京农业大学学报(社会科学版),(3):27—32.

李双成,刘金龙,张才玉,等.(2011)生态系统服务研究动态及地理学研究范式.地理学报,66(12):1618—1630.

李婧,文婧,林坚.(2012)土地城镇化及相关问题研究综述.地理科学进展,31(8):1042—1049.

刘纪远,张增祥,庄大方,等.(2003)20世纪90年代中国土地利用变化时空特征及其成因分析.地理研究,22(1):1—12.

刘晓鹰.(2008)中国西部欠发达地区城镇化道路及小城镇发展研究.北京:民族出

版社.

刘祖云,陈明.(2012)从"土地冲突"到"土地风险"——中国农村土地问题研究的理论进路.中国土地科学.26(8):23—28.

龙东平,李同昇,苗园园,等.(2014)中国农业现代化发展水平空间分异及类型.地理学报,69(2):213—226.

陆铭,陈钊.(2004)城市化、城市倾向的经济政策与城乡收入差距.经济研究,(7):50—58.

蒙吉军,朱利凯,毛熙彦,等.(2012)近30年来毛乌素沙地土地利用变化驱动力的多尺度研究——以内蒙古乌审旗为例.应用基础与工程科学学报,20(S):54—66.

孟媛,张凤荣,姜广辉,等.(2011)北京市产业结构与土地利用结构的关系研究.地域研究与开发,30(3):108—111.

邱晓华,郑京平,万东华,等.(2006)中国经济增长动力及前景分析.经济研究,(5):4—12.

曲福田,吴丽梅.(2004)经济增长与耕地非农化的库兹涅茨曲线假说及验证.资源科学,26(5):61—67.

石敏俊,金凤君,李娜,等.(2006)中国地区间经济联系与区域发展驱动力分析.地理学报 61(6):593—603.

孙蕊,孙萍,吴金希,等.(2014)中国耕地占补平衡政策的成效与局限.中国人口·资源与环境,24(3):41—46.

仝德,冯长春.(2009)国内外城中村研究进展及展望.人文地理.(6):29—35.

王利伟,冯长春,许顺才.(2014)传统农区外出劳动力回流意愿与规划响应:基于河南周口市问卷调查数据.地理科学进展,33(7):990—999.

向国成,韩绍凤.(2005)农户兼业化:基于分工视角的分析.中国农村经济,(8):4—9.

谢磊,李景保,何仁伟,等.(2013)环长株潭城市群区域经济时空差异演变.城市问题,(11):67—73.

杨俊,王占岐,柴季,等.(2015)中国山区城乡建设用地增减挂钩项目合理性辨析.经济地理,35(2):149—154.

杨渝红,欧名豪.(2009)土地经营规模、农村剩余劳动力转移与农民收入关系研究——基于省际面板数据的检验.资源科学,31(2):310—316.

杨志荣,吴次芳,刘勇.(2008)中国东、中、西部地区农地非农化进程的影响因素.经济地理,28(2):286—290.

杨志荣,吴次芳.(2008)制度收益与发展收益对农地非农化进程的影响差异及其对政策调整的启示.中国土地科学,22(2):3—8,16.

叶静忠,孟英华.(2012)土地增减挂钩及其发展主义逻辑.农业经济问题,(10):43—50.

叶磊,欧向军.(2012)长三角地区经济极化过程与空间演变分析.地理科学进展,31

(12):1668—1677.

殷江滨,李郇.(2012)中国人口流动与城镇化进程的回顾与展望.城市问题,(12):23—29.

俞燕山.(2000)我国小城镇改革与发展政策研究.改革,(1):100—106.

袁利平,谢涤湘.(2010)经济发达地区节约和集约利用土地对策研究.建筑经济,(8):66—69.

张富刚,刘彦随.(2008)中国区域农村发展动力机制及其发展模式.地理学报,63(2):115—122.

郑风田,付晋华.(2007)农民集中居住:现状、问题与对策.农业经济问题,(9):4—7.

郑真真.(2013)中国流动人口变迁及政策启示.中国人口科学,(1):36—45.

周京奎,王岳龙.(2010)大中城市周边农地非农化进程驱动机制分析.经济评论,(2):24—34.

邹健,龙花楼.(2009)改革开放以来中国耕地利用与粮食生产安全格局变动研究.自然资源学报,24(8):1366—1377.

第四章

城乡联系视角下的村镇区域及其空间优化

第一节 村镇区域的意义与内涵

长期以来,涉及城市与乡村的研究都广泛建立在"城乡"二元化认识论基础上。这种二元论根植于城乡之间内在差异,有其合理性。城市与乡村在形成发展、人口布局和产业结构方面具有截然不同的特征。城市是经济活动和人口的集聚体,是为了更有效率地对资源进行加工利用的空间组织形式。相比之下,以农业生产为主导的乡村单元,人口分布与作为生产资料的土地紧密联系,人口分布是相对分散的。为此,"城乡"二元的认识基础能够在一定程度上区分城乡发展的内在属性差异。值得注意的是,建立在城乡二元认识之上的发展,隐含了两个重要的前提:

(1) 城乡发展的路径截然不同。即城市发展依靠对人口和资源的吸纳并不断循环累积,乡村发展则更多依靠对农业资源的加工实现自给自足或支持城市发展。

(2) 城乡发展具有城市中心性。在城市发展过程中需要农村发展的支撑,同时乡村发展也具有一定程度的被动性,需要依托于城市发展的带动。

然而,这两个前提在城镇化进程持续推进的过程中,其有效性可能逐步发生变化。在快速城镇化的背景下,城镇化进程并非城市区域独立生长的过程。城市发展除了自身的循环累积之外,日益依赖于对外沟通联系(李松,崔大树,2011)。这其中包括区域之间的联系、城市之间的联系以及城乡之间的联系。随着人口与资源自乡村向城市迁移,乡村聚落原有格局也将发生显著变化。这一系列变革并非仅仅包括农业生产方式的变化,其对于人口结构、社会关系、权力制度、利益分配等一系列既有传统都可能产生颠覆式的影响(蔡运龙,2001;刘彦随,刘玉,2010;冯应斌,杨庆媛,2014)。由此可见,在城乡联系日益紧密且多元的情况下,城乡二元认识论的前提将不再有效,城乡之间的边界逐渐模糊。这也意味着单纯依靠行政边界、产业结构或是生态景观来区分城乡的理论基础可能不再那么坚实。若仍以二元化的认识结构理解城乡发展,将在很大程度上导致一系列的问题(陆学艺,2009;李裕瑞等,2010)。

西方发达国家在二战后,在"城市中心主义"倾向下恢复建设曾一度导致农村地区的落后与衰退;直至20世纪七八十年代以来,开始逐步反思乡村的复兴与发展,强调乡村在发展过程中的主动性(Ashley and Maxwell,2001;Chambers,2013)。由于人口迁移政策与区域发展政策的变化,中国自20世纪80年代开始,城乡之间的人口迁移才逐步兴起。在1990~2000年间,以农村剩余劳动力的跨省区迁移为主导的人口流动成为中国人口格局变化的最主要动力(Fan,2005)。而在2000~2010年间,农村劳动力向省内城市的流动快速增长,达到与跨省区迁移相当的程度(Liu et al.,2015)。快速的农村劳动力外流,特别是向大城市集聚的特征,一方面对城市化质量形成巨大挑战,同时也直接导致了诸多自然村落的衰败。2000~2010年间,中国的自然村落由365万个锐减至271万个。由于在迁移人口中,青壮年劳动力占绝对多数,导致人口迁移在某种程度上制约了农村产业发展,造成农用地撂荒现象严重,加剧了资源低效利用等一系列矛盾。

由此可见,在快速城镇化的进程中,传统农村聚落同时也朝着两个方向发生变化。一方面,部分村落由于人口的大量流出而逐步走向消亡;另一方面,部分村落在生产和生活方式发生显著改变,逐步向现代农村社区(李增元,2014),甚至是城市社区的形态转变。由此可见,城市和乡村、农业和工业、农民和土地之间的联系在传统认知的农村空间中发生着变化,逐渐模糊了城乡之间的边界,强化了城乡之间的联系,同时也削弱着城乡二元认知的基础。

基于此,本书在致力于探讨村镇区域发展与空间优化的问题时,力求改变传统的城乡二元的视角,转而从城乡联系的角度理解农村发展及其特征。这就意味着需要一个更为合适的空间尺度作为一个"容器"去承载城市和乡村,农业和工业以及农民和土地之间的关系变化。"村镇区域"是指以现有乡镇为中心,包含周边农村村落的区域范围,其是一个能够体现城乡联系对于农村发展主要影响的合适尺度。合宜性主要表现在以下两个方面:① 村镇区域包含了城镇和农村之间渐变式的过渡关系,能够有效表达城乡边界地带混合城镇发展要素和农村生产要素的区域特征,避免了城乡二元认知结构中"一刀切"式的边界理解;

② 村镇区域的发展有其独立性,能够充分体现区域发展走向的多种可能性,避免了城市中心主义或是小农主义的偏颇。

第二节 村镇区域空间特征

村镇区域是一个介于城市与乡村之间的空间尺度。在以乡镇为中心,包含周边农村村落的区域范围内,村镇区域在空间上具有一定的过渡特征。相应地,城乡之间的多维联系成为村镇区域所承载的主要内容。城乡联系在空间上直观地表现在村镇与城市之间的距离。距离能够在一定程度上反映人口和资源在城乡之间流动的成本,决定了城乡之间的联系强度。以距离为代理变量,可以在区域层面上将城镇与乡村发展的空间分布特征模式化(图4-1)。

(1)城镇是以非农产业生产为主导的地域单元,而乡村则以农业生产为主。村镇区域正是在城乡相互联系作用下表现出不同的工农业关系。受城市发展对村镇的空间辐射影响,距城市范围越近的区域所承载的非农产业比重越高,非农产业比重自城市向农村呈现出明显的距离衰减特征。反之,边远地区的村镇受城市发展的辐射带动作用较小,加之通勤运输成本急剧增加,非农产业发展基础薄弱,在产业结构方面以农业为绝对主导。因此,农业比重自农村向城市表现出距离衰减规律。二者相互作用,决定了村镇区域发展在产业方面呈现出混合型结构。越靠近城市的村镇,一方面可能在城市扩张的过程中被纳入城市拓展区,在村镇建设上具有愈发鲜明的城市地域特征(如东部沿海地区的大量村镇);另一方面,城市产业发展和优化升级过程中,存在对周边区域的产业配套和产业转移需求,使得靠近城市的村镇在产业结构上有更大的机会逐步将发展重心从第一产业向第二、第三产业过渡。

(2)居住集中程度差异是城乡差异的重要表现形式之一。城市人口和资源高度集中,以生产方式集中化的第二、第三产业为主导,是为高效整合各类资源而形成的地域单元。相比之下,土地作为农业生产中最为重要的投入要素,以农业发展为主导的乡村在空间组织方面将受到土地空间分布的显著影响,居住分散化特征明显(如西南地区的大量村镇)。因此,居住集中程度表现出自城市向乡村的距离衰减。并且与产业结构相对应,非农产业为主导的地区居住集中程度较高,而在以农业发展为主导的地区居住程度则相对较低。因此,村镇区域的居住形式与产业结构相适应,亦表现出多样化的特征。对于城乡联系较强的区域,村镇区域的居住更多表现出社区化特征。反之,分散化特征明显。

(3)公共服务设施是为居民参与政治、经济和文化活动提供保障的服务型设施。公共服务设施的类型、规模和职能取决于服务人口数量、服务半径大小和

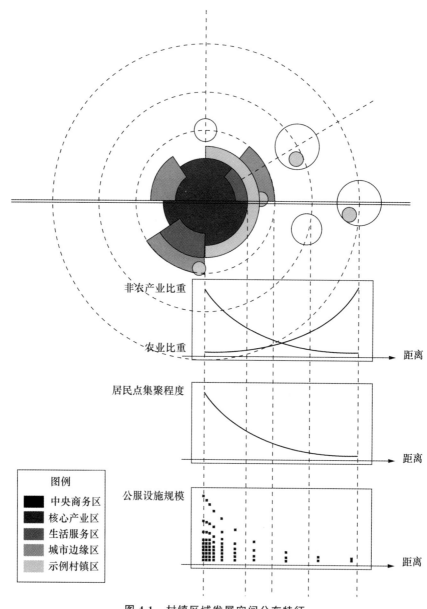

图 4-1 村镇区域发展空间分布特征

服务类型需求。城市人口高度集中,在一定服务半径范围内设施服务人口数量显著高于村镇区域。因此,与居住集中程度和产业结构相对应,设施数量在居住集中程度较高的地区数量较多且规模差异较大,而不同产业类型对服务设施类型的需求差异,决定了在同一个地域单元内,公共服务设施表现为由不同规模设施组成的等级体系。在距离城市越近的地区,各类公共基础设施的配置密度越高,设施规模等级也越高。配置密度和规模等级表现出自城市向村镇的距离衰减。从公共服务设施配置的角度而言,村镇区域的发展提供了一个设施配套的集聚次中心,能够为相对分散化的农村地区提供规模化、多样化的公共服务设施,同时保证设施达到基本的运营门槛要求,提高设施的使用效率。

值得注意的是,在这一模式下嵌套着两个层次的城乡联系:① 村镇区域内部乡镇与周边农村地区的联系(不妨称之为基本城乡联系);② 村镇区域在城市与乡村联系中所处的位置(可称为区域城乡联系),即该村镇区域所受城市发展的辐射大小。两个层次的联系共同决定了村镇区域在空间上具有鲜明的混合特征。以乡镇为发展核心的结构,决定了村镇区域的基本城乡联系能够满足其设施配套的基本要求,并为其发展奠定多样化的产业基础,也为农民集中居住和社区发展提供条件。然而,区域城乡联系则决定了村镇区域中作为发展核心的乡镇的发展强度。换言之,区域城乡联系决定了村镇区域的设施配套能达到的层次、产业的多样性能达到的水平,进而决定集中居住与社区发展的可行性。

影响区域城乡联系和基本城乡联系的因素是多元的,既包括地形地貌、资源禀赋等在内的自然因素,也包括人口、产业等在内的社会经济要素。这也使得村镇区域在更大尺度上呈现出多样性的特征。中国的经济景观呈现出十分鲜明的"沿海—内陆"分异,东部沿海地区的城市在规模、吸引力和竞争力方面具有显著优势,使得沿海地区的乡、镇发展具备巨大潜力。2014 年的全国百强县名单中,东部地区占据 60 席,其中山东、江苏和浙江三省占据了百强的将近半壁江山。相比之下,内陆地区村镇区域发展普遍受到地形条件制约,人口流出现象较为普遍,同时城市发展的辐射作用较弱。这也使得内陆地区的村镇区域发展动力相对不足,呈现出与沿海地区截然不同的特征(庞金波等,2015)。

总体而言,村镇区域发展的空间特征可归结为两个层次的城乡联系共同决定下的功能混合性。这种混合性决定了村镇区域发展的多种可能性,进而决定其空间需求的多样性。村镇区域可能逐步发展最终演化成为城镇化地区,也可能以农业现代化进程为主逐步培育出现代农村社区,当然也可能在发展过程中不断被边缘化,逐步萎缩直至消亡。因此,村镇区域的发展并不能简单等同于小城镇发展(蔡艳芝,刘慧君,2009)。而应当在尊重其空间基本特征的基础上,寻求合适的发展路径。

第三节　村镇区域的空间优化思路

村镇区域内部所表现出的混合性特征,使其在快速城镇化过程中发生着剧烈的变革。基于图4-1中的认识模式,不难发现产业、居住和设施三者在城市与村镇发展的空间组织上存在相互作用机制。在城乡联系不断强化的过程中,这一机制势必将面临着一个关于人口、产业和土地之间的矛盾:工业化和城镇化进程吸引了大量农村劳动力离开土地,选择进城务工。青壮年劳动力数量的减少使得发展农业的重担落在了留守的中老年肩上。这造成了3个方面的矛盾:① 造成了大量土地撂荒的现象;② 对公共服务设施的需求极大程度降低,且空间分布愈发零散;③ 导致农业长期维持相对传统的生产方式,造成土地的低效利用,进而造成务农收入始终停留在较低水平。这些矛盾的出现极大地制约了乡村的发展进程,同时加速了劳动力从农业部门向非农业部门的转化,极易陷入一个发展的恶性循环中。

本书已在第三章对村镇区域"产业—人口—土地"之间的负反馈进行了具体阐述。简而言之,村镇区域发展诸多矛盾的根源之一在于改革开放以来快速的人口城镇化进程动力源于制度变化与日益扩大的城乡收入差距,而非农业现代化程度持续提升所释放的农村剩余劳动力所致。这一矛盾导致广大以农业发展为主导的村镇地域单元面临发展困境。由于农村人口的非农化就业总体表现为一个不可逆的过程,这一特征在以劳动力输出为主的西南地区表现尤为明显。土地利用优化的核心在于用地总量的节约和用地效益的提升。打破这一悖论的核心在于"产业—人口—土地"的综合协调。由此可见,有必要对乡村建设和规划管理进行充分的理论与技术发展。一方面顺应城市化进程中乡村聚落变化的人口非农化客观规律;另一方面优化乡村聚落的组织形式、实现城乡资源合理配置和人地关系的协调。

（一）村镇区域空间优化的内涵

要通过空间优化打破这一悖论,需要深刻认识到村镇与城市发展内涵的巨大差异,尊重村镇区域发展的多样性,摒弃单纯以营造城市的理念指导村镇发展的思路。因此,村镇区域空间优化旨在针对村镇区域发展的现实情况,结合村镇空间组织的内在特征,对村镇发展进行定位,通过资源整合调整人口、产业与土地之间的相互关系,促进村镇区域空间的协调,从而实现村镇区域空间的可持续发展。而通过探索产业、居住和设施配套在城乡之间空间组织上的相互作用机制,发现了非农产业比重、居住集中程度和设施规模与等级自城市向村镇距离衰减的特征,能够为打破村镇区域人口、产业与土地之间的发展悖论提供思路。

结合第三章的分析结论,村镇区域发展矛盾的根源在于长期以来农业发展的相对落后以及对农业现代化内涵理解过分侧重于规模化与专业化。要重建"产业—人口—土地"的良性循环,围绕农业发展提升资源利用效率是关键。空间优化的优势在于考虑地方性、外部性等因素的基础上,通过对资源分散与集中程度的调节提升利用效率。因此,可协调的内容至少包括以下3方面:

(1) 以产业发展为核心。通过因地制宜探索高效灵活的农业组织模式,推动农业产业化经营,一方面提高农业收入、推动村镇经济发展;另一方面,对土地资源进行整合,提高土地利用效率,并降低农民对土地的依赖。

(2) 提升居住集中程度。只有农民收入水平的提高和对土地依赖程度的降低,农民才有条件通过兴建新村进行集中居住,实现农村社区化才有所依凭。因此,在农业规模化与产业化的基础上,对农村居民点进行相应的配套调整,一方面改善农村居住条件,另一方面可在人口减少的现状下通过提高居住集中程度,对土地资源进行整合,实现土地节约利用。

(3) 规划配套设施建设。在常住人口总体减少的背景下,只有通过提高农民居住集中程度,才有可能实现公共服务设施布局的总体优化,解决原有公共服务设施配套在空间均等化目标与规模门槛约束之间的两难境地。

(二) 村镇区域空间优化的基本思路

据此,本书提出村镇区域空间优化的基本思路可归纳为:"农业现代化—农村社区化—设施均等化—土地集约化"。在此思路下,可将村镇区域空间优化的具体思路细化为以下6个模块(图4-2):

(1) 村镇体系评价与构建。可通过"城—镇"联系强度、人口变化综合定位乡镇发展潜力,合理构建"场镇—中心村—基层村"三级镇村体系,明确各村规模与职能,为村镇产业发展、居民点布局、公共服务设施布局确定发展方向。从城镇体系走向村镇体系主要在于厘清村镇区域发展与城镇体系之间的衔接关系,同时明晰村镇区域内部的发展结构,从而实现对区域城乡联系和基本城乡联系的确定。

(2) 产业发展诊断。从对外联系、生态涵养、自然资源、上位规划等角度进行分析判断,对村镇区域发展进行综合定位。在此基础上,从产业结构、社会经济、空间布局、基础设施水平等角度进行产业现状分析。将二者与村镇区域现阶段产业、人口、土地三者关系综合评估确定现状产业发展矛盾。

(3) 产业发展空间优化。通过对主导产业进行选择或者指引,辅助产业结构优化和空间布局调整。与此同时,通过对与土地相关因素的分析选择主要组织模式,从土地角度解决现阶段产业发展遇到的矛盾,引导产业空间布局调整,为产业优化提供服务。

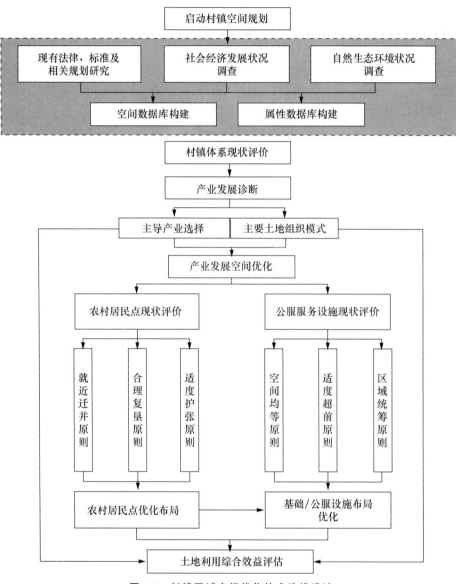

图 4-2 村镇区域空间优化技术路线设计

（4）居民点空间现状评价与空间优化。以村镇居民点布局综合适宜性的评价为基础，评价村镇居民点在发展过程中布局的变化和综合状态，确定集中居住的可行性与合理性以及迁村并点的必要性。结合就近迁并原则、合理复垦原则和适度扩张原则推进居民点空间布局优化升级。

（5）公共服务设施现状评价与空间优化。以公共服务设施在现状分布、服务人口及服务范围方面的综合状态为依据，协调村镇区域发展过程中，公共服务设施配套在协调"可达性—规模门槛"之间所面临的矛盾。在此基础上，结合空间均等原则、适度超前原则以及区域统筹原则实现公共服务设施的空间合理配置。

（6）土地利用综合效益评估。以村镇区域土地资源的合理配置与利用为目标，以村镇区域空间优化方案所提出的居民点整理及产业结构优化方案为基准，评价村镇土地节约集约利用现状及村镇区域空间优化预期实现的土地节约集约利用效益。

第四节 小 结

在快速城镇化进程中，城乡联系日趋紧密、城乡边界日益模糊的背景下，改变传统的基于城乡二元的空间结构认识势在必行。而以乡镇为核心并囊括周边农村地区的村镇区域为分析城乡联系背景下人口、产业、制度、权力关系等变革提供了良好的空间尺度。其优势在于，一方面为理解城乡边界的过渡性提供了空间，避免了二元认识结构下的断崖式边界；另一方面，充分体现了变革之下区域内的复杂性与动态性，实现了对区域发展多元化路径的表达，从而有效避免了将村镇区域发展等同于小城镇发展，将乡村发展过分依赖于非农化等一系列城市中心主义倾向的认识。

村镇区域在提供认识基础的同时，也提供了发展路径的分析框架。村镇区域以体现城乡联系为主，包含两个层次的城乡联系：一为反映核心乡镇在城乡联系之中的地位，这在一定程度上决定了村镇区域发展的潜力与方向；二为村镇区域内乡镇与周边农村地区之间的联系，其是村镇区域内发展的重要动力内核。对人口、资源和要素在两个层次之间的流动分析能够为村镇区域的发展方向定位提供重要的参考。

最后，村镇区域的发展是产业、人口和土地之间的综合协调。在快速城镇化进程中，大量村镇区域面临着劳动力流失、产业发展动力不足、土地利用效率低下等问题，"产业—人口—土地"三者之间的复杂联系决定了村镇区域的发展是否能够走上良性循环的路径。现阶段，在大城市饱和、中小城市吸引力不足的现实情况下，通过"农业现代化—农村社区化—设施均等化—土地集约化"是村镇区域发展的可行路径，亦是空间优化的主要方向。

参 考 文 献

Ashley, C., Maxwell, S. (2001) Rethinking rural development. Development Policy Review, 19(4): 395—425.

Chambers, R. (2013) Rural development: putting the last first. New York, NY: Routledge.

Fan, C. C. (2005) Interprovincial migration, population redistribution, and regional development in China: 1990 and 2000 census comparisons. Professional Geographer, 57(2): 295—311.

Liu, T., Qi, Y., Cao, G., et al. (2015) Spatial patterns, driving forces, and urbanization effects of China's internal migration: county-level analysis based on the 2000 and 2010 censuses. Journal of Geographical Scinece, 25(2): 236—256.

蔡艳芝,刘慧君. (2009) 西部村镇区域开发:多路径发展战略构想. 人文杂志,(4): 190—192.

蔡运龙. (2001) 中国农村转型与耕地保护机制. 地理科学, 21(1): 1—6.

冯应斌,杨庆媛. (2014) 转型期中国农村土地综合整治重点领域与基本方向. 农业工程学报, 30(1): 175—182.

李松,崔大树. (2011) 关于城市空间耗散结构研究的文献综述. 经济论坛,(6): 180—182.

李裕瑞,刘彦随,龙花楼. (2010) 中国农村人口与农村居民点用地的时空变化. 自然资源学报, 25(10): 1629—1638.

李增元. (2014) "社区化治理":我国农村基层治理的现代转型. 人文杂志,(8): 114—121.

刘彦随,刘玉. (2010) 中国农村空心化问题研究的进展与展望. 地理研究, 29(1): 35—42.

陆学艺. (2009) 破除城乡二元结构,实现城乡经济社会一体化. 社会科学研究,(4): 104—108.

庞金波,邓凌霏,师帅. (2015) 城乡二元经济结构的测定及影响因素分析. 农业现代化研究, 36(2): 213—218.

第五章

村镇体系构建与村镇发展定位

第一节 引 言

当前城镇化为区域发展主要动力的背景下,中国的规划体系表现出较为显著的以城市为中心的倾向。城镇体系规划、城镇发展总体规划在规划体系中占据重要地位,对乡村发展规划和城乡统筹等方面的发展是相对滞后的。尽管村镇层面陆续颁布有《村镇规划编制办法(试行)》《县域村镇体系规划编制暂行办法》(2006)、《镇规划标准》(2007)等规划标准,但是总体上沿袭城镇发展的惯性。特别是在城乡联系方面,普遍遵循"以城统乡"的思路,进而导致对村镇发展路径的片面化理解。20世纪80年代中后期,加拿大学者McGee在长期观察部分亚洲国家区域发展路径的基础上,提出了Desakota发展模式(即城乡融合区模式),指出城乡发展的边界是模糊的,二者之间存在着渐进式的过渡区域。这一区域的发展并非全然受到城市或乡村发展的主导,农业活动和非农活动、农业人口和非农人口在这一空间内高密度重合,使得区域发展方向具备多样化特征。结合中国的具体发展实际来看,村镇区域无疑具备了鲜明的Desakota特征。为此,村镇体系应当与区域的混合性相契合,成为城市与乡村之间、村镇之间组织联系的有机联系。

实现城乡联系的前提在于理解城乡之间的显著差异。首先,城市与乡村发展在要素组织方面截然不同,这也使得城镇体系与村镇体系应当有所区别。城市是人口集聚的产物,是为了更有效率地对资源进行组织利用的空间形式。相比之下,以农业生产为主导的乡村,人口天然是分散的。人口分布与作为生产资料的土地紧密联系。乡村的发展也更为依赖具有不可移动性的资源禀赋。因此，体系结构作为要素组织与流动的外在表现，对于城镇和村镇而言具有不同的内涵。若惯性地按照人口与资源集聚的传统思路进行发展定位，极易导致资源低效利用，增加对区域生态环境的压力。其次，城市与乡村的发展动力机制不同。城市的发展具有一定的内生性，通过对周边人口和资源的吸纳表现出集聚增长的特征。相比之下，现阶段乡村的发展则两极化，部分乡村发展趋向城镇化路径，而部分乡村则面临衰退特征。乡村发展路径不仅取决于自身条件，更取决于城乡联系强度。故而与城镇体系相比，村镇体系不仅局限于内在的等级、规模和职能结构，外来影响将对村镇体系产生重要影响。此外，城镇体系与村镇体系的尺度差异同样决定了村镇体系有必要将对外联系作为核心内容之一。城镇体系相对宏观，涵盖不同等级的中心城市与县域行政单元。相比之下，村镇体系聚焦于县域内的乡镇和乡村等地域单元。

整体而言，城市与乡村在要素组织和发展机制上都存在巨大差异。这决定了城镇体系和村镇体系将承担不同的功能。二者在尺度上的差异亦决定了村镇体系应当更重视城乡联系。过去的发展模式忽略了这些差异，过于强调现代化与城镇化在村镇发展中的作用，导致了城乡之间泾渭分明，忽视了村镇区域的混合特征。构建村镇体系需要正视该差异，准确定位村镇区域的特征，实现资源在城乡过渡区域内的合理有序流动，使其充分适应于区域发展的内在需要。

基于此，本章以村镇体系承上启下的衔接功能为切入，探讨村镇体系的内在特征。在此基础上，提出"自上而下"与"自下而上"相结合的村镇体系构建技术方案，旨在变"以城统乡"为"城乡统筹"，避免对村镇体系理解流于城镇体系的惯性思维。

第二节　村镇体系的内涵

村镇体系在形式上是以集镇和村庄为节点形成的具有层次性的网络结构，囊括建制镇、行政村、自然村等不同等级的单元（高文杰，2000）。类比于城镇体系的构建，当前村镇体系更多关注体系中集镇和村庄的规模等级，职能分工和空间布局（李晶，2009；宋家泰，顾朝林，1998）。然而，村镇区域作为城乡过渡区所表现出的混合特征决定了"衔接"是村镇体系应当具备的重要功能，亦即对城乡联系在村镇区域内的表现有所把握，从而实现"城镇基本单元—村镇区域的基本单元—乡村地区的基本单元"的有机联系。为此，村镇体系包含 3 个层次的内容：

（1）村镇区域中的城乡联系。作为城市与乡村之间的过渡地带，人口与资源在乡村和城市之间的双向流动,均在村镇区域内得到体现。村镇区域的发展在很大程度上受到周边城市辐射作用的影响(房艳刚等,2009)。在村镇区域内部,区域内城市发展需求与乡村之间表现为何种关系,乡村发展在多大程度上受到城市发展的影响。城乡联系的强度与模式将直接决定村镇体系与城市体系如何实现衔接。为此,村镇体系构建的重要前提在于协调区域内外的城乡联系,明确村镇区域发展定位,探寻合理的发展路径。

(2) 村镇体系内的网络关系。村镇区域内部主要行政单元的社会经济联系所构成的网络结构是村镇体系的直接表现。在合理有序的村镇体系内部,不同村镇构成适度的规模等级,形成互补互通的职能分工和高效合理的空间布局,有利于要素在村镇区域内部的充分流动,促进产业结构及其空间布局调整,并满足居住生活的多层次需求。与城镇体系相比,村镇体系的结构相对简单。但取决于村镇区域内部城乡联系特征和强度的差异,不同村镇体系的结构与内涵将存在较大差异。

(3) 体系内节点的发展潜力。村镇体系中的节点既包括乡镇,也包括村庄。每个节点在地理区位、人口规模、经济结构、产业优势、设施配套、生态环境等方面各不相同,从而决定其在村镇体系内独特的等级、规模和职能分异。因此,村镇体系最终应准确识别出各节点的发展优势、需求与潜力,进而为产业布局、设施配套等专项规划奠定基础。

从结构上看,村镇体系主要遵循"场镇—中心村—基层村"三级体系。其中,场镇是城镇体系和村镇体系的衔接点,主要接受来自城市的辐射,包括产业、技术和资本的转移,同时接纳从中心村和基层村迁入的人口。因此,场镇不仅承担为整个村镇体系提供生产和生活配套设施的职能,而且应结合其发展定位设定相应的产业发展职能。场镇是村镇体系内人口规模最大、等级最高、职能最全的地区,拥有良好的发展潜力。中心村是衔接场镇和基层村的中间层级,其人口和经济规模都不如场镇地区,但高于基层村。中心村主要承担两类职能:一方面,一些距离场镇较近的中心村可以构成场镇周围的次级服务圈,形成空间上覆盖全地区的配套服务设施,服务整个乡村地区的生产与生活;另一方面,一些离所属场镇较远的中心村离相邻村镇体系或城镇地区较近,可以接受其辐射作用,形成村镇体系内新的增长极。因此,选取中心村时需要评价中心村的发展潜力、设施配套状况,并且保证村镇体系的空间均衡布局。基层村作为镇村体系中最小的行政单元,主要由自然村组合形成,规模最小,经济发展潜力不大,一些地区的部分基层村甚至自然条件恶劣,不适宜生存。因此,基层村的职能不宜过多,以避免资源的大量无序利用,应以保障居民的生活为主要目的。

总而言之,村镇区域是建构在城乡过渡基础上的空间单元。村镇体系则是在这样一个新的空间尺度下实现资源合理配置的空间结构。村镇区域的过渡性质决定了村镇体系应承担"承上启下"的重要功能,作为实现城乡统筹的重要纽带。为此,村镇体系的构建可从"自上而下"与"自下而上"相结合的角度,体现其"承上启下"的要求。"自上而下"的视角基于上述村镇体系所包含内容中的第一点,即村镇区域中城乡联系特征与强度的识别。"自下而上"的视角则立足于上述村镇体系内容中的第三点,即村镇体系内各节点的发展潜力识别。通过"自上而下"的区域分析对发展路径进行定位,通过"自下而上"的现状评价对发展潜力与需求进行评估,村镇体系将有助于协调村镇区域发展的外在潜力与内在需求,从而有效实现其城乡统筹的基本目标。

第三节 村镇体系构建技术

一、"自上而下"的村镇区域定位

如前所述,村镇区域是城乡混合的过渡区域。不同区域内城乡联系的特征与强度存在较大差异。例如位于长三角地区的大部分村镇发展以非农业为主,第三产业发达,人口集聚特征明显;而中西部地区的大量村镇则仍以农业为主要产业,且人口外流特征日趋显著。因此,识别村镇区域内部的城乡联系特征,为村镇区域发展进行综合定位,有助于明确村镇区域发展路径,为村镇体系的构建奠定基础。研究从以下两方面分析村镇区域中的城乡联系:人口动态和经济联系强度。

(一)人口动态

人口从乡村向城市的流动是城乡联系的重要表现之一,同时人口变化亦是区域发展的关键影响因素。考虑到人口流出是中国乡村地区的普遍特征,研究首先以乡村地区的人口增减变化来判断该地区是否受到城市发展的显著影响,在此基础上利用人口集聚度和人口商度进一步衡量村镇区域的相对发展优势。

人口增减变化可以用基期(第 t 时间)和末期人口(第 $t+1$ 时间)的变化幅度和变化量来衡量(李培,邓慧慧,2008),计算公式为

$$A_t = (P_{t+1} - P_t) \tag{1}$$

$$F_t = \frac{A_t}{P_t} \times 100\% \tag{2}$$

式中,A_t 表示人口增减变化量(人);F_t 表示人口增减变化率(%);P_t 和 P_t 分别表示第 t 和 $t+1$ 时间常住人口数量(人)。若乡村地区的 A_t 和 F_t 值为正,则表示地区人口增加,地区人口呈现集聚态势,更适宜从城市的视角探讨其发展问

题;为负,则表示地区人口正在减少,地区人口向其他地区迁移,符合中国乡村地区的普遍特征,应构建村镇体系促进村镇区域发展。

人口商度和人口集聚度两个指标综合表征相对发展优势(表 5-1)。人口集聚度是单元的人口密度与区域的平均人口密度的比值(刘睿文等,2010;甄延临,李忠国,2008),可以反映区域内的人口集聚情况,计算公式为

$$\mathrm{JJD}_t = \frac{P_i/B_i}{P_n/B_n} \tag{3}$$

式中,JJD_i 是 i 镇的人口集聚度;P_i 是 i 镇的人口数量(人);B_i 是 i 镇的土地面积(m^2);P_n 是区县的人口数量(人);B_n 是区县的土地面积(m^2)。若 $\mathrm{JJD}_i > 1$,则说明该乡镇相对区县人口平均水平更加集聚;若 $\mathrm{JJD}_i < 1$,则说明该乡镇人口更加分散。

人口商度通过人口密度的相对变化表征一定时期内区域人口迁移流动态势(王桂新等,2006;葛美玲,封志明,2009),计算公式为

$$K = \frac{d_{t+1}}{D_{t+1}} - \frac{d_t}{D_t} \tag{4}$$

式中,K 为人口商度值;d_t 和 d_{t+1} 分别为第 t 和 $t+1$ 时间的单元人口密度,D_t 和 D_{t+1} 分别为第 t 和 $t+1$ 时间区域的平均人口密度。若 $K > 0$,则表示该区域为人口相对流入区域,能够吸引邻近乡镇的人口;若 $K < 0$,则表示该区域为人口相对流出区域,其人口流向邻近乡镇。

表 5-1 村镇相对区位发展优势分析

人口集聚度	人口商度	相对区位发展优势
$\mathrm{JJD}_i > 1$	$K > 0$	虽然村镇地区普遍面临人口流失的问题,但是该地区能够吸引区域内人口集聚,在区域内发展优势明显。
$\mathrm{JJD}_i > 1$	$K < 0$	该地区目前仍能吸引周围地区的人口流入,但其吸引力有所降低。区域内存在新的快速发展地区,与本地区形成竞争。
$\mathrm{JJD}_i < 1$	$K > 0$	地区人口集聚程度低于平均水平,但人口流失程度有所减缓,相对区位发展存在劣势。
$\mathrm{JJD}_i < 1$	$K < 0$	地区人口迁出态势明显,相对区位发展存在劣势。但另一方面,人口流出为土地集约利用、发展现代化农业提供了契机。

(二)经济联系强度

经济联系是城乡联系的另一个重要形式,尤其是城市发展对乡村的辐射作用。辐射作用越强,村镇的非农产业比重越高,居民点布局更为集中,基础设施配套更为完善,经济发展的成本越低。距离能够在一定程度上反映人口和资源在城市与乡村之间流动的成本,决定城市对村镇发展的辐射作用强度。第四章

中已阐述了乡村地区非农产业比重、居住集中程度和设施规模与等级自城市向村镇距离衰减的特征,故本章引入符合该衰减特征的引力模型以表征城乡之间的经济联系强度(李江苏等,2009)。引力模型是基于距离衰减原理,以万有引力公式的形式构造出的数理模型,通常在经济学和地理学领域被用于描述区域间的经济联系、贸易联系等(顾朝林、庞海峰,2008;陈睿山等,2013)。为了使距离能够更加实际地反映城市与村镇之间的联系成本,研究以道路距离代替传统引力模型中的欧式距离。

$$R_{ij} = (\sqrt{P_iG_i} \times \sqrt{P_jG_j})/D_{ij}^2 \tag{5}$$

式中,R_{ij}为i,j地区间的经济联系强度;P_i,P_j为i,j地区的人口数量;G_i,G_j为i,j地区的国内生产总值;D_{ij}为i,j两地区之间基于道路网络的最短路程距离。

引力模型的结果能够衡量城市对村镇发展的驱动作用。引力越大,村镇发展受到周边城市的辐射带动作用越强,其发展定位将趋向于服务城市,接纳城市产业转移并满足城市的劳动力需求,村镇职能定位更偏向于为生产服务。引力越小,非农产业发展潜力越弱,村镇的发展定位更趋向于优化农业技术,构建特色农业优势,实现农业现代化,村镇职能定位更偏重于提升本地居民生活质量。

总体而言,自上而下的村镇区域定位将为村镇体系的发展目标与体系结构提供依据(表5-2)。参照人口动态和经济联系强度的分析结果,可将人口集聚特征明显、经济联系紧密的区域确定为重点镇;人口集聚特征明显或经济联系紧密的区域确定为发展镇;而人口流失严重、经济联系相对松散的区域则判定为一般镇。

表 5-2 村镇区域空间体系分类与发展目标

定位分类结果	构建村镇体系的目标
重点镇	服务兼顾生产和生活,构建"场镇—中心村—基层村"三级体系,平衡经济发展与保障村镇居民生活。重视村镇区域的职能向城市职能过渡。大力培育内生增长动力。
发展镇	主要服务于生产,构建"场镇—中心村—基层村"三级体系,促进经济与产业发展。充分对接城市发展的辐射带动作用。
一般镇	主要服务于生活,维持"场镇—基层村"二级村镇体系,保障和服务村镇居民的生活。提升资源利用效率,提高农民生活水平。

二、"自下而上"的村镇现状评价

村镇现状既是村镇发展的潜力所在,也对其发展路径形成制约。为此,村镇现状评价的任务在于明确各行政单元的发展条件、潜力与制约,为构建村镇体系提供支撑。基于既有研究成果(连志巧,1999;王宝刚,石铁矛,2006;李昕,2008),研究从经济发展、设施布局、环境保护和空间公平四个角度进行(表5-3)。其中,经济发展是从现有人均经济水平、交通通达性和劳动力数量来衡量评价单元的经济发展水平。设施配套方面则包括硬环境、软环境和公共服务系统,涵盖通水、通电、通信、垃圾处理、生产性服务和生活性服务等。生态环境评价则包括地质灾害评价和生态适宜性评价两个部分:前者关注环境对人为活动的制约,后者则关注人为活动对地区环境的影响。空间公平则主要基于乡村发展相对分散以及对不可移动要素的依赖性较强等特征,考察场镇和中心村的辐射范围是否得宜。

表 5-3 镇村发展条件评价体系

目标层	系统层	准则层	指标层
经济发展	经济	人均经济发展水平	人均产值 人均收入
	区位	交通区位	与镇级及以上公路的距离 到镇域的直线距离
	劳动力	劳动力	本地劳动力数量 单位土地的劳动力数量
设施配套	硬环境系统	供电 通信 供水	是否供应电力 是否有通信 是否通管网自来水
	软环境系统	村级路网 垃圾处理	村级路网密度 是否具有垃圾处理站
	公共服务系统	生产性服务系统 生活性服务设施	灌溉保障程度 拥有小学教师数量
生态环境	灾害频发区 生态脆弱带	地质灾害 生态适宜性	是否位于地质灾害区 是否拥有生态保护的特殊要求
空间公平		镇域内空间均衡	测算目前发展较好的地区的有效半径,考虑有效半径以外的偏远地区的经济发展和服务配套

值得注意的是,村镇现状评价体系的构建应当充分考虑地方的主要矛盾与实际需求,充分体现当地的特殊性。例如,设施类型的选取和规模的设定应当充分考虑当地的现实需求,并适度超前,切忌贪大求全;灾害评价应选择对当地社会经济发展产生显著影响的主要灾害类型,包括但不限于地质灾害、气象灾害、生物灾害等;生态环境评价既可进行综合性评价(包括但不限于生态承载力、生

态足迹、生态系统服务功能分析），亦可针对当地生态环境具有重大影响的主要矛盾进行单因素评价（如土地荒漠化、林地退化、煤炭采空区等）。此外，经济和基础设施的加权分析可参考熵值法、德尔菲法等，而生态环境和空间公平等维度的加权则宜用极限条件法。

三、村镇体系构建

村镇定位的结果，可以辅助确定村镇体系的基本架构和发展目标。在此基础上，可依据村镇现状评价的结果，进一步判定中心村和基层村的规模与职能。

（一）对评价结果的综合，应当遵循的原则

（1）空间效率与空间公平相结合。体系构建应充分考虑社会经济发展基础和生态环境保护的基本条件，同时适当兼顾偏远地区的发展诉求，在空间上合理布局中心村和基层村，增强中心村的有效辐射半径，为周边地区提供更好的生活服务和生产支持。

（2）经济发展与设施配套相结合。体系中各单元之间的联系应充分体现其经济发展的潜力及其对基础设施和公共服务设施配套的需求。与此同时，需充分考虑基础设施和公共服务设施的门槛规模及服务半径制约。

（3）环境保护与灾害防治相结合。体系构建应充分考虑地理单元的异质性特征，注意避让对农业生产、居住生活产生重大影响的灾害多发地区。与此同时，应对环境影响较大的区域进行空间调整，切实保护生态环境脆弱地区。

（二）对应于上述原则的村镇体系构建流程

（1）根据村镇定位结果，确定村镇体系适用的基本结构。

（2）根据经济状况发展评价结果，选取不超过 1/3 的行政村作为备选中心村。

（3）根据经济发展与设施配套相结合原则，可参考基础设施发展评价结果，选取基础设施条件较好，但尚未被选为备选中心村的，补选为备选中心村。

（4）根据空间效率与空间公平相结合原则，可视具体情况，适当增补区域内可以服务于偏远地区，或处于区域边缘但可以依赖周边乡镇发展的行政村，作为备选中心村。

（5）根据环境保护和灾害防治原则，将完全或部分处于灾害频发区、高危区和生态脆弱区的备选中心村剔除。

（6）从经济、交通、生活服务等方面确定各中心村的服务范围，明确村镇体系的空间内涵与结构。

第四节 村镇体系构建技术案例分析

一、案例区概况

本章以重庆市潼南县崇龛镇为例,对村镇发展进行定位和现状评价,并以此为基础构建村镇体系。重庆市地处西南山区,位于长江上游,面积为 8.24×10^4 km^2,下辖 38 个区县。地貌以丘陵、山地为主,其中,山地面积约占 76%。受地形条件的限制,人口分布呈现出"大分散,小集中"的特征。村镇人口老龄化现象明显,大量劳动力流向沿海地区、重庆和成都城区等地区。

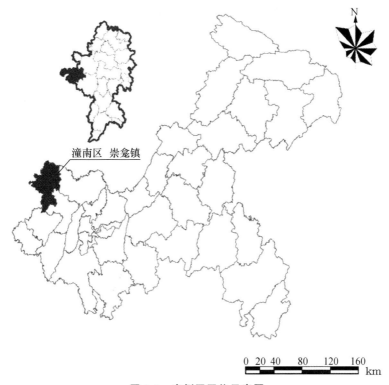

图 5-1 案例区区位示意图

潼南县则位于重庆市西北部,是重庆市"一小时经济圈"的西北门户。崇龛镇位于潼南县最西端,距重庆市主城区约 180 km,距离四川省遂宁市中心区约 70 km。地貌类型以低山丘陵为主,田地分布较为破碎,村庄分布分散化特征显著。

崇龛镇属于西南山区发展相对受限的村镇区域,青壮年劳动力的持续流出极大制约了区域发展。2000~2010年间,崇龛镇常住人口亦减少35.99%,人口流出态势明显。产业结构以农业为主,工业基础十分薄弱,未来产业发展选择指向特色农业和生态旅游业。这也是西南山区村镇发展表现出的普遍特征。

二、乡镇区域定位分析

崇龛镇所在的潼南县是人口外流特征显著的区域之一。2000~2010年,潼南县常住人口从68万人锐减至42.17万人。区县内部包括崇龛镇在内的所有乡镇均表现出不同程度的人口减少,而仅有2个街道表现出了人口增长的趋势(图5-2)。这也在一定程度上体现出该村镇区域城乡联系过程表现出的极化特征。人口商度的格局同样揭示出极化格局,人口从四周向中部流动特征明显(图5-2)。桂林街道和梓潼街道人口流入最为明显,而周围的米心镇和古溪镇人口流失最为严重。崇龛镇在区域内具有微弱的人口优势。

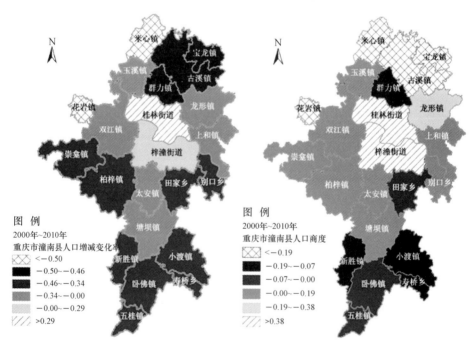

图5-2　2000~2010年潼南县各镇人口增减变化率(左)和人口商度(右)
数据来源:全国第五次和第六次人口普查数据。

对比2000年和2010年潼南县的人口集聚度(图5-3),结果显示人口集聚和分散变化主要集中在潼南县北部与四川省接壤的地区,米心镇、古溪镇和宝龙镇衰弱的趋势明显。相比之下,同与四川接壤的崇龛镇人口集聚度保持稳定,有略微增长,即崇龛镇在区县范围内人口较为稳定,并未出现大规模的增长和减少,说明崇龛镇未来存在发展的可能,但其经济和产业短期内不会出现明显的增长。

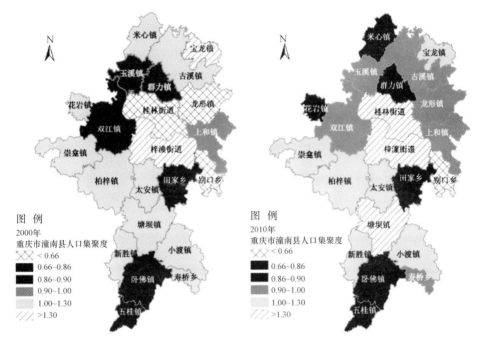

图 5-3　2000 年(左)和 2010 年(右)潼南县各镇人口集聚度
数据来源:全国第五次和第六次人口普查数据.

崇龛镇的人口发展趋势大体上与潼南县一致。2000～2010 年期间常住人口减少 1.56 万人,人口增减变化率为－35.99%。但是,崇龛镇 2000 年和 2010 年的人口集聚度均大于 1,表明崇龛镇人口的集聚水平略高于潼南县平均水平,是潼南县内部人口相对集聚的区域。崇龛镇的人口商度为 0.02,说明在潼南县内,崇龛镇为人口弱流入地区。人口商度和人口集聚度都表明,崇龛镇虽然绝对人口减少,但是相对整个潼南县,拥有微弱的人口优势。此外,计算崇龛镇与潼南县之间的城乡联系强度,达到 6247.5 万人·万元/km^2,较之其他乡镇亦具备优势。因此,崇龛镇可定位为发展镇,构建"场镇—中心村—基层村"三级村镇体系以促进经济发展。村镇体系的目标是生产和生活并重,在镇域村镇体系规划时需要兼顾经济发展和基础设施建设。

三、村镇现状评价

崇瓮镇下辖16个行政村,分别是薛家村、桥沟村、古泥村、白沙村、老店村、柿花村、长寿村、青山村、两河村、青杠村、临江村、石庙村、张板村、汪坝村、大屋村和龙台村。崇瓮镇整体定位以发展现代农业为主,在空间上更为依赖于现状发展条件。在设计镇村体系时,立足于与现状发展条件相匹配,满足各村生产与生活需求,协调现代农业和休闲旅游发展的空间需求。基于此,借助指标体系法对各村发展现状进行评价(表5-3),其中经济发展水平评价依据熵值法加权。结果得到经济发展水平排名前五的行政村依次为薛家村、桥沟村、古泥村、白沙村和老店村(图5-4)。

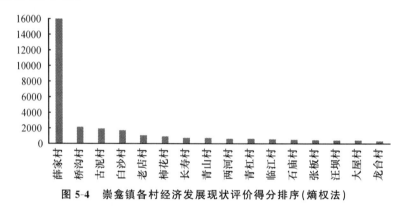

图5-4 崇瓮镇各村经济发展现状评价得分排序(熵权法)

从非工业收入来看,11个村年均非工业收入在19 000～20 000元之间。排名靠前的行政村距离镇级及以上的公路的距离均较近,在上版规划中也普遍被定位为中心村。白沙村最占优势的是其教育资源,该村有72名小学教师,居于全镇第1位。薛家村紧邻场镇,是发展条件相对集中的行政村,设施和劳动力条件较好。从空间分布来看,排名靠前的行政村普遍位于镇域的中部和西北部地区,南部和东部的行政村发展相对滞后,在空间的布局上重心明显偏重于西北部。

四、镇域村镇体系规划

根据现状评价结果排名前五的行政村(薛家村、桥沟村、古泥村、白沙村和老店村)作为备选中心村,其中薛家村作为得分最高的中心村,与原有镇区邻近,因此可以归并入场镇区域统筹发展。结合基础设施建设和空间均衡发展的规划原则,选取崇瓮镇东部的张板村和南部的汪坝村为备选中心村。地质资料显示,老店村和桥沟村均属于地质灾害频发区,易受到洪水的侵蚀,因此不将这两村纳入

中心村备选范围内。综上所述,结合现有的场镇和中心村分布情况,确定崇龛镇的镇域村镇体系:

第一级(场镇):镇区和薛家村。

第二级(中心村):白沙村、古泥村、张板村、汪坝村;

第三级(基层村):长寿村、老店村、桥沟村、柿花村、石庙村、青山村、大屋村、两河村、龙台村、青杠村、临江村。

场镇一级不仅囊括了镇区的行政范围,还包括薛家村。薛家村作为镇区的腹地,近年来直接受到城镇的带动,农业人口逐渐转换为非农人口,城镇化率趋势明显。因此将薛家村纳入场镇范围内,一方面可以为镇区发展提供土地、劳动力和发展空间,同时其特色的红高粱和蔬菜种植可以更好地保障场镇及本地居民的生活。镇区和薛家村的合并扩大了场镇的地域范围,大大提高了场镇对中心村和基层村的服务可达性,提高了生产生活的便利性。崇龛镇西北地块较为狭长,场镇辐射能力较弱,因此选取经济发展水平较高的白沙村和古泥村作为中心村,加强其基础设施建设,有利于保障崇龛镇西北狭长地带的居民生产生活。同时邻近的老店村地处地质灾害频发区,加强白沙村和古泥村的基础设施和公共服务建设有助于吸引老店村的居民向中心村集聚,从而降低地质灾害带来的风险。崇龛镇作为发展镇,其中心村的主要职能是保障村镇的生活和服务。因此,中心村的设置不仅要考虑现有的经济社会发展状况,更需要考虑其空间区位,实现服务半径的合理化。张板村和汪坝村分别地处崇龛镇的东北部和南部,空间区位优势明显,服务半径合理。另外,两村均为种植水稻、柠檬和蔬菜的农业综合经济区,有一定的经济基础。两村作为中心村修建基础设施和公共服务设施不仅可以惠及农业生产,更可以为邻近的基层村提供生活服务。

第五节 小 结

本章所提出的村镇体系构建技术明确了村镇体系和城镇体系的差异,以人口和城乡联系为核心要素定位乡镇发展,以兼顾发展和服务为核心标准建立村镇评价体系,旨在考虑村镇区域发展路径的多样化特征,为大量因地方化特征受限的乡镇提供构建村镇体系的方法和评价标准,为进一步丰富村镇体系评价的内涵提供依据和参考。

完整的村镇体系应包括乡镇区域定位和村镇空间等级体系两部分。人口特征是乡镇区域定位的核心。根据人口密度、人口聚集度和人口增减变化构建乡镇区域定位评价体系,将乡镇分为三类:重点镇、发展镇和一般镇。以崇龛镇为例,这个处于中国经济发展相对滞后地区的村镇区域,近十年常住人口大幅减少，人口外流严重，但是在区县范围内拥有相对的人口优势，属于人口弱流入地区，是"发展镇"的典型代表，其构建村镇体系的目标应为保障村镇的生活和服务，保障村镇健康发展。因此，从经济发展水平、基础设施建设、生态环境和空间均衡发展四个维度构建镇域内"场镇—中心村—基层村"三级村镇体系，一方面强调兼顾基础设施建设和经济发展现状，另一方面突出生态环境的限制性和空间均衡发展的必要性。

国家新型城镇规划（2014～2020 年）提出要走中国特色新型城镇化道路。本章所提出的村镇体系构建技术旨在强调在快速城镇化背景下，要清晰地认识到村镇区域发展与城市所表现出的显著差异化特征。不应惯性地将村镇发展等同于空间增长，要结合村镇的人口变化特征，分析其空间需求变化，有针对性地对村镇区域的资源进行整合。正是基于此，村镇体系构建应抓住人口这一核心要素，总体把握乡镇发展定位。如果乡镇符合"发展镇"的区域定位，则应在构建村镇体系时兼顾生产与生活，从而实现村镇的健康发展，提高村镇居民的生活水平。

参 考 文 献

陈睿山，叶超，蔡运龙. (2013) 区域经济联系测度方法述评. 人文地理，28(1)：43—47.

房艳刚，刘继生，程叶青. (2009) 农村区域经济发展理论和模式的回顾与反思. 经济地理，29(9)：1530—1534.

高文杰，连志巧. (2000) 村镇体系规划. 城市规划，24(2)：30—32.

葛美玲，封志明. (2009) 中国人口分布的密度分级与重心曲线特征分析. 地理学报，64(2)：202—210.

顾朝林，庞海峰. (2008) 基于重力模型的中国城市体系空间联系与层域划分. 地理研究，27(1)：1—12.

李江苏，骆华松，王晓蕊. (2009) 引力模型重构在城区与郊区相互作用中的应用. 世界地理研究，18(2)：76—84.

李晶. (2009) 村镇体系规划的理论与实证研究. 长春：东北师范大学.

李培，邓慧慧. (2008) 京津冀地区人口迁移特征及其影响因素分析. 人口与经济，(6)：59—63.

李昕，王玉芬，焦红. (2008) 东北地区县域村镇体系规划的思考. 低温建筑技术，(4)：35，48.

连志巧. (1999) 促进市域村镇协调发展的尝试——迁安市村镇体系规划简介. 小城镇建设，(12)：22—23.

刘睿文,封志明,游珍.(2010)中国人口集疏格局与形成机制研究.中国人口·资源与环境,20(3):89—94.

宋家泰,顾朝林.(1998)城镇体系规划的理论与方法初探.地理学报,43(2):97—107.

王宝刚,石铁矛.(2006)县(市)域城镇体系规划导则研究.小城镇建设,(10):70—73.

王桂新,毛新雅,张伊娜.(2006)中国东部地区三大都市圈人口迁移与经济增长极化研究.华东师范大学学报(哲学社会科学版),38(5):1—9.

甄延临,李忠国.(2008)村庄布点规划的重点及规划方法探讨——以浙江海盐县武原镇村庄布点规划为例.规划师,24(3):24—28.

第六章

村镇区域产业定位与空间引导技术

第一节 引 言

城乡发展的空间优化依托于政策与规划对要素配置的引导,但空间优化的理论基础普遍建立在要素自由流动的前提之上。对于城市而言,制造业和服务业的发展促进就业集中,进一步通过乘数效应带动关联产业的发展和基础设施建设,构成城市的内生增长。这一过程中,资本、劳动力、知识的流动构成了集聚经济和"核心—边缘"模式的基础。以农业发展为主的乡村异于城市规模经济特征,代之以对土地利用效率的关注,源于土地是农业生产过程中重要的不可移动资源。换言之,资本、劳动力和知识等可移动要素在城乡之间的流动是推动农业发展的基础(Foster and Rosenzweig,2004),也是通过空间优化提升土地利用效率的前提。

国内外乡村发展的理论与实践(如前三章所述)揭示了从村镇区域的视角理解乡村发展的重要性。城乡联系程度的差异在村镇区域内部表现出的混合特征,决定了村镇区域发展的多样化路径,意味着村镇区域发展既有对初级制造业的尝试,也有对农业现代化的探索,更有对发展旅游业的期待(Long et al.,2009)。在全国范围内,不同区域的村镇区域表现出不同产业主导下的发展路径。在20世纪80年代以来自下而上城镇化的浪潮中,农村工业化成为村镇区域发展的主流模式,尤以东部和东南沿海地区为典型。随着城镇化与工业化动力的变化,农业现代化与旅游业发展成为当今村镇区域发展常见的模式。

村镇区域发展多样性路径的决定因素既来自村镇区域内部,也来自更大空间尺度下的产业格局变动。例如,自20世纪90年代中国逐步成为"世界工厂"以来,劳动力密集型的出口加工企业在沿海地区快速发展,对劳动力需求激增,大量内陆地区的农村劳动力向东部地区迁移,直接影响了村镇区域发展的东、中、西差异。随着中国经济进入结构调整的"新常态",人口迁移格局与产业格局均发生显著变化。区域经济格局的变动导致不同地区的村镇区域在人口动态、产业结构、农业劳动生产率等方面存在显著差异。另外,村镇区域内部在资源条件、生态环境、经济需求等方面的地方化特征亦不尽相同。从产业发展的角度看,区域内外共同作用下的差异直接决定了农产品与非农产品、可交易产品与不可交易产品的结构差异,成为村镇区域不均衡性的根源之一(Foster and Rosenzweig, 2003; Lanjouw and Murgai, 2009)。

在此背景下,村镇区域的产业空间优化分析技术发展则相对滞后,更多关注城镇化与工业化的分析,对乡村与农业的讨论并不充分。以产业结构为例,产业分析多以产值为基础。用于乡村层面普遍受到适用性与数据条件的掣肘(倪斋晖,1999)。乡村是以农业生产为主的地域单元。规模较小的二、三产业统计数据缺失较为严重,且分类与精度不高。另一方面,基于产值的产业结构分析往往将农村简单归为产业发展初期,难以体现农业发展的实际状况,凸显农业在农村产业发展中的地位。然而,面向广大农村区域,尤其是针对乡镇层面产业发展定位和引导,尚未形成相对成熟的技术方法。在以个案研究为主的成果中,分析框架与指标选取存在较大差异。从区域内外共同作用的视角看,容易出现以地方化尺度分析一般化特征的现象,导致一般化结果不可比、对地方化因素考虑不充分的结果。

基于此,本章选择以产业发展作用下村镇区域发展多样化路径为切入点,通过区域分析考虑村镇区域外部因素对产业发展的影响以及区域内部特征决定的产业发展比较优势。在此基础上,识别村镇区域内"产业—人口—土地"相互作用的主要矛盾所在,为产业空间引导提供抓手。即寻求人口与土地的组织模式调整,适应并推动农业发展的需要,是为乡村区别于城市的"空间优化"内涵。

第二节 产业空间布局优化方法与技术

在村镇区域发展的"产业—人口—土地"相互作用中,产业发展是重建三者良性循环的核心环节。产业空间布局优化技术的基本思路,在于思考如何从空间优化的视角一方面提升产业发展对要素的利用效率,另一方面促进土地对产业发展的有效支撑。村镇区域发展的多样化路径意味着每个村镇都面临着独特的"产业—人口—土地"矛盾。为此,在本章提出的技术框架中(图6-1),首先通过综合定位与现状分析识别此发展矛盾。综合定位与现状分析的维度设计基于"外生—内生"相互作用的区域系统观。即,须同时考虑来自村镇区域外部的动力与影响以及村镇区域内部的潜力与基础。外部动力与内部潜力构成了"综合定位";外部影响与内部基础则构成"现状分析"。以综合定位与现状之间的差异为基础,有利于展开村镇区域"产业—人口—土地"矛盾的分析。在此基础上,空间优化一方面以产业结构调整为抓手,通过判断主导产业的发展潜力为合理规划区内空间资源提供依据;另一方面,以土地组织模式的探讨为切入,通过寻求合宜的土地利用模式支撑产业发展,实现土地利用效益和效率的提升。

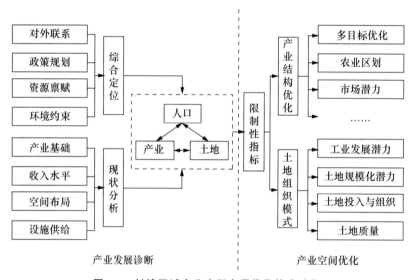

图 6-1　村镇区域产业空间布局优化技术流程

一、村镇区域综合定位

如前所述,区域综合定位的目标在于识别村镇区域发展外部动力与内部潜力。由四个主要维度构成:对外联系、政策规划、资源禀赋与环境约束。其中,对外联系与政策规划代表着外部动力的带动作用;资源禀赋与环境约束则直接决定区域发展的内部潜力。

(1) 对外联系。相较于城市地区的内生增长,村镇发展表现出更多的外生性。其发展方向不仅取决于自身资源优势,对于大部分自身条件缺乏特色的村镇来说,与城市之间的联系强度决定了城市对村镇发展的辐射作用强度。这种辐射作用一方面体现在城市产业发展和优化升级过程中对周边区域的产业配套和产业专业需求；另一方面，在城市扩张过程中，靠近城市的村镇可能被纳入城市拓展区域或卫星城区。此外，不仅是城市地区，具有特色资源、在产业化进程中先行一步的村镇，同样对周边的区域形成示范带动作用。因此，在村镇区域综合定位中，需考虑村镇与省会城市及最近的地级市之间的距离及交通便捷程度、周围特色产业集聚情况等对外联系因素。

（2）政策规划。一般而言，更高级别行政单元在进行产业战略引导过程中，以更大区域产业协调发展的角度，为下辖区域设定产业发展方向。参考近期市域、县域总体规划中对于乡镇的区域综合定位，有利于村镇在更大范围内找准自己的产业定位，保证区域内产业错位健康发展，避免恶性竞争。

（3）资源禀赋。无论是农业产业化还是向非农产业过渡，村镇区域的产业发展都需要立足自身资源条件，寻求比较优势，凸显自身特色。因此，资源禀赋需考虑村镇区域内地形坡度，土壤本底条件，是否有矿产资源、自然旅游资源等，境内是否有名山大川等因素，以期作为本地特色的资源条件。

（4）环境约束。以农业为主导的村镇区域中，环境约束是生产过程中重要的影响因素。与此同时，在进行区域综合定位的过程中，本底条件是否适宜进行建设开发，产业发展是否对本地及周边生态环境造成恶劣影响，是决定区域发展方向的重要一环，是具有"一票否决权"的关键因素。环境约束需重点考虑乡镇区域地形地貌，是否有重要水源涵养地，是否有地质灾害点等方面。

二、村镇区域现状分析

村镇区域现状分析的目标在于以村镇区域为个体，识别发展的外部影响与内部基础。基本包含产业结构、收入水平、空间布局、设施供给四个维度。

（1）产业结构。该维度可参考近年来乡镇的一、二、三次产业产值及就业比重与变化趋势，农林牧副渔产值比重，粮食作物、经济作物、蔬菜瓜果产值及种植面积等指标。

（2）收入水平。在城市化、工业化大背景下，农村劳动力析出现象广泛存在。因此需要考虑农村常住人口中劳动力的比例，外出务工比例，农村全年总收入、人均收入，外出务工收入占总收入比例，荒地占耕地比例等因素的影响。

（3）产业空间布局。该维度考虑现有产业的空间布局现状，可结合实地调研与空间分析等手段，判断产业空间布局的合理性。

（4）基础设施。该维度主要考察村镇区域内生产配套基础设施，如村镇对外交通状况，区域内道路通达度、道路路面情况，灌溉保障率，农机使用情况等。

参照上述四个方面内容，有助于了解产业发展短板和主要掣肘。在此基础上,比对村镇区域综合定位与村镇区域产业现状,分析村镇区域产业发展的主要矛盾,最后在"产业—人口—土地"的相互作用关系中,找到制约产业发展的主要瓶颈,并结合"限制性指标",即以生态涵养为重点,区域建设适宜性评价为办法,判定乡镇是否适宜发展非农产业,调整产业发展战略。

三、村镇区域产业结构优化

产业结构优化的关键在于主导产业的选择。而主导产业选择是一个相对复杂的过程。随着区域地理学的不断发展,主导产业选择的判断标准与方法也不断演进(秦耀辰,张丽君,2009)。其中,定性与定量的方法在诸多案例研究中均有所体现,表现出不同的适用性。如何适配村镇区域数据条件,契合村镇区域发展背景仍存在讨论空间。表6-1对现有常见的方法进行了梳理,并归纳了其主要优缺点。

表 6-1　村镇区域产业选择与调整布局技术方法

方　法	主要目的	简　述	优　点	缺　点
区位商法	主导产业选择	单一指标确定比较优势产业	简单易行,数据可得性好,结果明了	以产值为唯一评价标准,不全面
市场潜力	主导产业选择	确定地区产业市场潜力	关注市场导向,开放性	市场规模估算误差大
特尔斐法	主导产业选择	通过专家打分选定优势产业	适用性广,贴合地情	经验判断的局限性
SWOT分析	主导产业选择	产业未来发展分解为优势、劣势、挑战和机遇四个方面进行分析	全面分析,适用性广	结果不直观,关注重点不清晰
主成分分析	主导产业选择	通过集中原有大部分信息得到综合得分评价	科学方法得到的客观评价	数据结构复杂,存在一定操作门槛
AHP层次分析	主导产业选择	建立层次模型和判断矩阵得到评价结果	与特尔斐法结合使用,适用性与操作性强,实践结果广泛	经验判断的局限性
模糊灰色关联分析	主导产业选择	通过模糊评价矩阵和灰色关联法确定产业级别	科学客观地评价区域内产业等级,适用于数据资料少,变量间关系不明晰的情况	数据操作要求高
多目标线性优化	产业结构优化调整	线性规划原理实现兼顾各产业协调发展的多目标优化	兼顾经济、社会、生态效益,适用性高,操作性强	结果于参数选择较为敏感,只适用于短期内的封闭系统
农业区划	产业空间布局	以土地本地条件为基础的产业分区	综合性高,适用性广	专业门槛高

四、村镇区域产业土地组织模式优化

土地是广大农村地区最重要的生产资料,土地利用模式作为土地资源配置的载体,在农村经济发展与改革中有着举足轻重的地位。近年来,国内对于村镇区域土地利用的讨论持续升温,各地也涌现出各种创新性探索尝试(姚如青,2015),农村集体经济组织在这一过程中如何发挥作用,农户的土地农业生产与非农开发方式,都将直接影响产业发展走向与土地利用效率。尽管这是一个与制度高度相关的议题,但在空间优化层面依旧可以从以下四方面作为完善土地组织模式提供参考:

(1) 工业发展潜力。考虑乡镇区位是否具有工业发展优势。

(2) 土地规模化潜力。考虑村镇区域地形是否利于土地规模化生产,如否则考虑是否便于开展土地整治项目。

(3) 土地投入与组织。考虑村民在村集体事务中的活跃程度,规划中的参与自治程度。

(4) 土地质量。考虑土壤、气候等土地自然属性,如成土母质、土壤酸碱度、水土保持率等理化属性,据此判定适合布局的产业或种植的作物。

在综合以上几个方面的情况下,因地制宜地确定主要的土地组织模式,例如农户自由种植、农户间土地自行流转与股份合作社形式的土地组织模式等。在工业发展潜力、土地投入与组织程度和土地规模化潜力均较低,可鼓励农户自由种植模式;对于工业发展潜力不高,但土地投入与组织程度较高,且土地规模化潜力较高,则可提倡农户间土地自行流转;具备工业发展潜力,土地投入与组织程度不高,但土地规模化潜力较高的,可尝试引进股份合作社的形式开展土地组织。

第三节 产业空间布局优化技术案例分析

一、案例区概况

本章以重庆市巴南区石龙镇和潼南县崇龛镇为例,详细介绍村镇区域产业定位与空间优化技术的应用。重庆市所在的川渝地区是中国西南地区极具经济活力的区域,但同时也是人口动态变化十分显著的区域,山地的特征更使该地区的土地利用与农业发展极具特殊性。产业、人口、土地的高度地方化特征使该区域在村镇区域发展方面具有典型性。自1993年以来,川渝地区农业就业数量和比重持续下降。过去20年来下降人数累积超过1600万人。相比之下,非农就业数量增长2200万人,其中第二产业增长约800万人,而第三产业则增加约

1400 万人（图 6-2）。

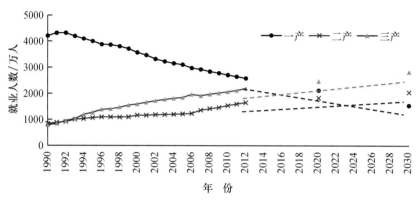

图 6-2　川渝地区 1990～2030 年三次产业就业人数变动与趋势预测图
数据来源：四川统计年鉴，重庆统计年鉴。

案例区中的石龙镇（106°50′～106°57′E、29°11′～29°21′N）位于巴南区东南隅，距重庆市区 43 km，距涪陵区 84 km，拥有 2 个国家级中型水库，是重庆市重要的水源涵养地。在石龙立交通车后，石龙镇逐步被纳入重庆市主城的"半小时交通圈"，位于其边缘地带。因此，石龙镇受主城区辐射作用在原有基础上有所升，但程度有限。产业发展以农业为主，农业灌溉条件良好。潼南县则位于重庆市西北部，是重庆市"一小时经济圈"的西北门户。崇龛镇位于潼南县最西端，距重庆市主城区约 180 km，距离四川省遂宁市中心区约 70 km。地貌类型以低山丘陵为主，田地分布较为破碎，村庄分布分散化特征显著。产业发展以农业为主，兼有生态观光旅游业，工业基础十分薄弱。

本节重点介绍崇龛镇的产业结构调整与空间布局以及石龙镇的用地组织模式优化引导。两镇案例的差异化特征也体现出产业定位与空间优化技术中对因地制宜和弹性灵活要求的强调。

二、村镇区域综合定位

（一）潼南县崇龛镇

重庆市潼南县崇龛镇位于距离重庆主城区约 138 km 的西北方向，车程约 2.5 小时，距离潼南县城约 30 km，车程约 1 小时。潼南县属于重庆市"一小时经济圈"之内。2012 年潼南县人均 GDP 为 25 301 元（全市平均水平为 38 914 元），在重庆市处于较为落后的水平，临近的合川区 2012 年人均 GDP 为 26 443 元。2012 年潼南县第二产业产值比重为 41.55%，同比 2011 年，增加了 0.1 个百分点。第三产业产值比重为 35.29%，同比 2011 年下降了约 0.5 个百分点。潼南县第二、三产业的发展优势并不明显，对于崇龛镇的带动作用有限。崇龛镇毗邻柠檬之乡四川省安岳县，受其影响崇龛镇也开始种植柠檬，栽培、管理、销售等技术均来自安岳县。

崇龛镇主要的能源有小水电站、薪炭林和太阳能。全镇琼江及其支流全长22.56 km，水能资源较为丰富，可开发量较大，可建小水电站，目前已建成的崇龛发电站，装机2台。矿产资源贫乏，但建筑材料较为丰富，境内分布有砖瓦用页岩。镇内有一口天然气井。除水利资源外，二、三产业的资源条件并不十分优越。琼江河谷地带规模种植油菜花，形成独特的油菜花农业观光景观。

崇龛镇为丘陵地貌，境内地形起伏较小，海拔一般在250～400 m左右，最高点是东北部的青山村青山寺，海拔为398.5 m；最低点是中南部的临江村琼江出境段，海拔仅为249.3 m，地势总体特征东北稍高，中部略低。崇龛镇地处北纬30°附近，属亚热带湿润季风气候区，具有四季分明、气候温和、冬暖春早、降雨充沛的特点；夏季气候炎热，降雨时间集中，日照多，常有伏旱；秋季降温快，多绵雨；冬季日照少，云雾多。年平均气温17.9℃，最冷月（1月）平均气温是7℃，最热月（7月或8月）平均气温为27.2℃，年积温6561℃，大于或等于10℃的积温5673℃，无霜期长，年均霜期仅5.5天。年平均降雨量974.8 mm，其中4～9月占78%，适宜多种粮经作物及林果生长。镇域为阶地地貌，主要土种有黄泥田、黄沙泥田、鸭屎泥田。土壤质地以壤土为主，占全镇土壤面积的70%以上，保水保肥力强，含钙量丰富。土壤养分含量丰富，土壤肥力略高于涪江区域。总体说来，崇龛镇的生态条件十分适宜农业发展。

区域综合定位：崇龛镇是以农业为主导产业，以旅游业为辅助的城市远郊现代农业区。发展目标是潼南县重要的粮油生产基地，特色农林发展示范区，特色农业观光旅游名镇。

（二）巴南区石龙镇

石龙镇位于巴南区的东南部，距离巴南区政府较远。与巴南区内各城镇相比，石龙镇在人口和产业方面的发展并不突出，总体定位为基础服务型一般镇。石龙镇以特色农产品种植为基础，依托下涧口水库、丰岩水库等旅游优势资源，主要发展以农业为主的第一产业和以观光农业、水库旅游及农业生产服务为主的第三产业。同时，由于下涧口水库与丰岩水库均被纳入重庆市后备水源，这就决定了石龙镇在区域中必须承担起水源涵养、维持生态功能的职能。

与石龙镇接壤的周边村镇包括东温泉镇、姜家镇、接龙镇、天星寺镇和石滩镇。其中，以接龙镇的经济发展程度较高（图6-3），以第一产业为主，第三产业比重较大。而东温泉镇和姜家镇的一、二、三产比重较为接近，第二产业基础相对优于其他村镇。相比之下，石龙镇的产业结构与接龙镇相似，但经济总量不到接龙镇的 50%,在周边城镇中处于中游。

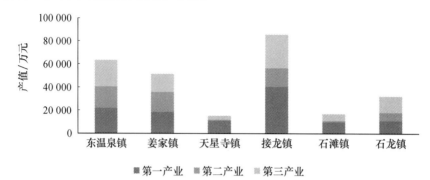

图 6-3 2012 年石龙镇与相邻村镇的产业产值
数据来源:石龙镇 2012 年农村统计年报,《巴南区统计年鉴 2013》.

各镇人口数量基本与经济发展水平吻合,经济发展水平较高的地区,人口数量越大,劳动力资源相对较为丰富(图 6-4)。石龙镇及周边城镇的资源优势有相近之处,根据城镇发展资源、产值数据及产业比重,各镇在发展中各有侧重。东温泉镇以花木种植、旅游、地产、商贸为特色,接龙镇以农副产品加工和发展中小企业为主要发展方向,而姜家镇以特色建材为主要特色,二产占比相对较大。以此发展较好的三镇为节点,联动发展经济水平较差、主要以农业及相关产业为主的天星寺、石龙、石滩三个镇,建设巴南区东南部金龙湖旅游环线。石龙镇由于受到水库生态敏感区的限制,主要发展生态农业和观光农业及水库观光旅游业。石龙镇的人均占地面积最大在侧面上反映出石龙镇人口外流,劳动力不足的现状。劳动力资源的相对匮乏对土地资源利用形成了较大的压力。

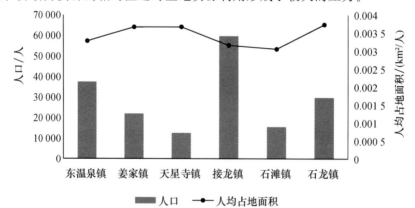

图 6-4 2012 年石龙镇及相邻城镇的人口数量及人均占地面积
数据来源:石龙镇 2012 年农村统计年报,《巴南区统计年鉴 2013》.

综上所述,石龙镇空间发展定位为都市近郊水源涵养区,围绕下涧口水库与丰岩水库周边区域发展农业种植、生态旅游产业,强化场镇与两个水库之间的联系。

三、村镇区域产业发展现状诊断

(一)潼南县崇龛镇

1. 地形起伏不大,中部地区较为平坦

崇龛镇以丘陵地貌和河谷阶地地貌为主。琼江自北向南纵贯全境,并在镇域中部与支流姚市河交汇。在河谷地带,有明显的一、二级阶地,阶地海拔约为235~265 m,坡度小于10°。河谷阶地之外为丘陵区,以镇域东北部和西南部最为明显,海拔可达300~405 m,坡度大于中部地区,但是总体保持在25°以下。

2. 具有较为丰富的自然资源

崇龛镇有丰富的水资源、生物资源和自然人文旅游资源,但是受到地质结构岩层的影响,矿产资源比较贫乏。受到河流分布的影响,崇龛镇的水资源主要分布在镇域的中、西部。琼江和姚市河全长达到 22.56 km,其中琼江年均流量为 26.6 m³/s。共有大小水库 8 座,其中中型和小(Ⅰ)型水库各一座,小(Ⅱ)型水库 6 座,水库总库容 2.39×10^6 m³。

崇龛镇地处亚热带季风湿润气候区,降水丰沛,年均降水量达到 974.8 mm,且土壤质地以壤土为主,占全镇土壤面积 70%以上,保肥能力强,所以生物资源比较丰富。其中,比较有优势的包括香樟、麻柳等林业树种,柠檬为代表的果树,油菜为代表的蔬菜等。2012年,全镇年产柠檬达到 1350 t。

3. 以农业为主导产业,旅游业发展潜力大

农业是崇龛镇的主导产业。崇龛镇年平均气温 17.9℃,年均降水量 974.8 mm,水热适宜,气候条件适宜多种粮经作物及林果生长,土壤以壤土为主,占全镇土壤面积的 70%以上,保水保肥力强,含钙量丰富,土壤肥力略高于涪江区域。因此,农业发展具有显著的比较优势,区位商达到 7.06。2012年,崇龛镇地区生产总值(GDP)80 355 万元,第一产业产值达到 46 765 万元,占地区生产总值的58.2%。从 2006 年到 2012 年,第一产业迅速发展,年均增长 23.0%,第二产业发展较快,年均增长 13.2%,第三产业发展缓慢(图 6-5)。农业人口比重虽然逐年下降,但 2008 年农业人口比重仍然达到 93.7%。

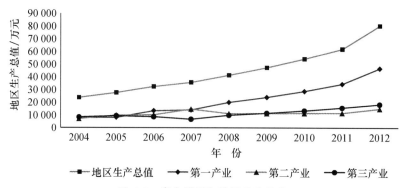

图 6-5　崇龛镇历年地区生产总值

数据来源:历年崇龛镇农村统计年报.

崇龛镇自然风光和人文景观都十分丰富。该镇广泛种植油菜,每年初春,油菜花盛开,风景宜人。"油菜花节"也成为崇龛镇着力打造的品牌旅游项目。油菜种植区毗邻有西部"水乡"之称的琼江及其支流姚市河。在每年3月8日到4月8日的油菜花节,游客可以泛舟江上,饱览两岸油菜花美景。如今,生态旅游已经成为崇龛镇最有发展潜力的旅游项目。此外,与自然风光相衬的是崇龛镇丰富的人文景观。著名的五代道教宗师陈抟出生于此。隋唐以来,崇龛镇佛教、道教发展兴盛。留下的遗迹有隋代的三龛道家天尊像,唐代的700余座佛教、道教摩崖石刻以及千年古刹玉佛寺等。依托于丰富的自然和人文旅游资源,崇龛镇具有较大的旅游发展潜力。

4. 乡村劳动力资源减少,外出务工人数增加

从2008年到2012年(表6-2),崇龛镇乡村人口由47 592人下降到46 993人,下降1.26%。乡村劳动力资源总数从29 027人减少到26 892人,年均下降1.9%。与此同时,崇龛镇外出务工劳动力显著增加。外出从业人员从10 951增加到17 871人,年均增加13.0%。出省务工人数从8944人增加到10 810人,年均增加4.9%。

表 6-2　崇龛镇历年乡村劳动力资源状况

年　份	2008	2009	2010	2011	2012
乡村人员/人	47 592	47 585	47 578	46 601	46 993
乡村劳动力资源总数/人	29 027	27 949	26 871	26 871	26 892
家庭从业人员中外出从业人员/人	10 951	13 544	16 137	17 972	17 871
出省务工/人	8944	9737	10 530	10 990	10 810

数据来源:历年崇龛镇农村统计年报.

2012年,全镇家庭从业人员中外出就业人员占劳动力总数66.5%,其中60.5%的就业人员到重庆市外就业。人口外出到全国各地,大部分集中于川渝地区,流向成都、浙江等地的人口最多。

(二)巴南区石龙镇

1. 典型丘陵倒置低山谷区,农业灌溉条件好

石龙镇海拔较高,地形总体特征为东高西低,南北高中间低,丘陵深谷较多,最高点为寨坪山,平均海拔为550 m。地形以西向坡和南向坡为主,北部和东部边缘地区坡度普遍较大,其他地区坡度多在25%以下,中部地势相对较平坦开阔。

石龙镇水资源丰富,多年平均降雨量为1093.4 mm。镇内有4个水库:位于东南部金星村的下涧口水库、中伦村和大桥村交界地带的丰岩水库和中伦村的红旗水库。下涧口水库是巴南区目前仅有的2座国家中型水库之一。镇域内有石龙河、长岭河和花石河共3条河流,属于长江次级支流,农业灌溉条件较好。

2. 土地和森林资源丰富

石龙镇属于中亚热带湿润气候区,温和多雨,四季分明。镇域内土壤主要是油砂泥土,地层深厚、土质肥沃,适宜多种农作物生长,盛产优质的绿色农副产品,适宜发展以生态农业为主的第一产业。

石龙镇森林植被良好,森林覆盖率高,原生态保护良好,尚未开发,自然景观优美,尤以下涧口水库和丰岩水库环境为佳。石龙镇海拔均在600～900 m,负氧离子含量高,平均气温在16～18 ℃,是主城唯一呈现小高原独特气候的地方,适宜以水库旅游和观光农业为主的旅游业发展。

3. 以第一产业为主导,以旅游业为重点的第三产逐步加强

石龙镇第一产业发达,其中农业产值在第一产业中占据主要地位。2012年的第一产业产值构成中,农业产值占53.61%,而渔业等其他产业产值只占据了很小一部分。农业发展主要以粮食作物和蔬菜种植为主:粮食作物包括稻谷、玉米和薯类等,蔬菜种植则涵盖较多种类。

石龙镇的第二产业基础较为薄弱,存在小规模农副产品加工业。受制于劳动力短缺、农业发展条件欠缺、水源涵养环境要求等因素,石龙镇第二产业发展相对受限,并不作为村镇产业发展的选择。

值得注意的是,石龙镇的第三产业发展在逐步强化,尤以旅游业发展为重点。主要增长点在于生态农业观光旅游与水景旅游等。其中,生态观光旅游依托于农业发展现状带动,发展以休闲观光为主的农家乐和采摘等。同时,依托良好的水景条件和环境资源,规划发展具有高端品位的养生、养老产业。

4. 农业劳动力数量锐减，外出务工人口数量大

至 2012 年，石龙镇全镇总人口 27 238 人。其中，劳动力数量 18 871 人。石龙镇第一产业发达，以农业为主。然而，石龙镇劳动力资源中从事第一产业的劳动力数量在不断下降。2006~2012 年间，第一产业从业人数从 50% 降至 36%。另一方面，石龙镇长期致力于打造劳务经济，组织了劳务输出公司有计划地培训本镇劳动力、组织其外出务工，并于 2004 年 7 月成功注册了"石龙技工"商标。因此，石龙镇有着较为稳定且庞大的外出务工人口，约占全镇劳动力数量的 64%，常年外出务工劳动力数量约占全镇劳动力数量的 53%。外出务工劳动力流向多样化，包括新疆、吉林、黑龙江、山西和重庆等。

表 6-3　石龙镇 2009~2012 年外出务工人口数量及流向　　单位：人

年　份	外出务工劳动力人数	常年外出务工劳动力人数	本区内	本市内	本市外
2009	12 100	9859	2260	4167	3432
2010	12 120	9653	2069	4361	3223
2011	11 886	9542	2036	4358	3148
2012	12 236	9877	2470	4125	3282

数据来源：历年石龙镇农村统计报表.

四、村镇区域产业发展主要矛盾诊断

（一）潼南区崇龛镇

1. 地形破碎，发展分散

由于崇龛镇以丘陵地貌为主，坝地面积仅达到全镇土地面积的 8.36%，其余则为坡地和沟地，导致镇域内田地分布破碎，村庄较为分散。基础设施和公共服务设施建设成本加大。同时，零散的居住传统容易导致一家拥有多处宅基地的现象出现，土地利用率低，浪费严重。再加上村庄中出现较多的空房甚至空地，形成为数不少的"空心村"。由于上述原因，镇域发展难以实现规模经济，严重制约了经济发展和社会进步。

2. 劳动力数量不足，第一产业发展受限

崇龛镇乡村劳动力资源总量减少，农林牧渔从业人员增加，农林牧渔从业人员比重增大。从 2008 年到 2012 年，农林牧渔从业人员占乡村劳动力资源总数的比重从 52.1% 增长到 72.3%，年均增长 5.1 个百分点。随着崇龛镇第一产业的发展，第一产业对劳动力的需求将不断增大，而劳动力供给层面增大的潜力十

分有限。劳动力数量的不足降低了资本的边际生产率，在一定程度上限制了第一产业的发展。

3. 农业发展条件恶化

崇龛镇土壤侵蚀较为严重。耕地有排洪系统和护坡保护的仅 $1118.51\,\mathrm{hm}^2$，缺乏水土保护措施的面积达 $4243.43\,\mathrm{hm}^2$。全镇年水土流失面积为 $13.23\,\mathrm{km}^2$，占全镇总面积的 15.1%。水土流失导致对农业生态系统的破坏，进而给农业现代化建设增大了难度。

农田水利设施老化，镇域水库大多修建于 20 世纪 50~70 年代，经过多年运行，老化严重，病险突出，防洪标准不足，外加过境水资源时空分布不均，汛期来水量大，枯期来水量小，容易发生洪涝灾害。丘陵地貌特征决定了崇龛镇农业生产的"田高水低"现象，水利设施建设的滞后导致崇龛镇的农业生产只能靠天吃饭，一旦发生干旱灾害，崇龛镇的农业生产必然受到巨大的损失。

4. 设施配套条件亟待改善

受丘陵山地地形地貌影响，公路修建难度大。崇龛镇过境交通较为便捷，但镇域内交通不便。镇域内有道路 209.74 km，公路为 61.91 km，占道路总里程的 29.52%，大部分是三级以下公路；农村道路 147.83 km，占道路总路程的 70.48%。道路建设的滞后严重制约了观光农业的发展。全镇公共服务设施档次不高，维护不利，利用率不高，设施不健全，政府缺乏资金对公用设施进行维护。

崇龛镇基础设施发展滞后。镇区只有一座日供水能力 $500\,\mathrm{m}^3$ 的自来水厂，只能满足镇区供水需求，镇域内各村社无集中供水设施，人畜、灌溉用水大多来自地下水，水质较差，一旦发生干旱灾害，基本生活用水难以得到保障，农业生产损失巨大。崇龛镇区内只有一座污水处理厂，没有垃圾收集站。污水处理厂实际运行处理量大约 $700\,\mathrm{m}^3/$天，服务范围限制在镇内社区，村庄污水只能自由排放，已造成一定的环境污染。崇龛镇固体废弃物依赖潼南县进行处理，垃圾的收集运输成本很高，每年达到 60 多万元。

公共服务设施配套不足。全镇只有 4 个小学，分布在崇龛场镇、老店村、长寿村和临江村；1 个 1000 多人的寄宿制初中，学生上学不便，交通耗时较长。全镇医疗条件较差，总计只有 3 个镇级医院和 20 个村级卫生站，镇级医院全部位于崇龛场镇，规模较小。

（二）巴南区石龙镇

1. 水源涵养与产业选择与布局的矛盾

石龙镇域范围内森林覆盖率较高。境内的下涧口水库和丰岩水库作为重庆后备水源,属一级水源保护地,生态环境较为敏感,不适宜进行大规模的产业开发,并严格禁止污染性行业发展。受到地形和生态环境限制,全镇适宜用于建设的土地面积仅占全镇土地面积的10%,主要位于大桥村、镇区、大兴村及白马村,即现有城镇及周边地势平坦地区。以河流水库蓝线、水源涵养区、自然保护区、森林公园、设施走廊等为主的禁建区,涉及控制面积约77.48 km²。总体上,生态环境保护的限制对全镇的产业选择与空间布局提出了较高要求。

2. 本镇劳动力流失严重,土地资源低效利用

大量青壮年劳动力向其他地区的流动,导致了以第一产业为主导的石龙镇面临着劳动力短缺的现象。现阶段农业发展又以作物种植为主,加之受地形地貌条件影响耕地资源空间相对分散,农业机械化程度低,农业生产对劳动力需求较大。在此背景之下,土地撂荒现象较为突出。因此,如何有效发展第一产业,优化土地资源与劳动力资源的利用,从而带动石龙镇经济的总体发展成为石龙镇亟待解决的主要问题。

3. 旅游业发展缺乏特色

在石龙镇的第三产业中,旅游业是其发展的重心。然而,虽然石龙镇拥有一定的自然资源基础,能够依托农业发展现状开展农业观光旅游,但在周边众多拥有类似资源的村镇之中特色并不鲜明。在周边村镇中,接龙镇素有"中国民间文化艺术之乡"之称。相比之下,石龙镇在人文旅游方面不具备优势。与同样发展农业、生态旅游的石滩镇、天星寺镇、东泉镇等相比,又存在严重的同质化问题。

总体而言,现阶段石龙镇的旅游业导致辐射范围较小,影响力不高。在带动村镇经济发展,提高农民收入方面作用有限。因此,如何挖掘石龙镇的特色旅游资源,与周边村镇形成差异化发展,是石龙镇在发展旅游过程中需要重点考虑的问题。产业调整应考虑以农业发展为核心,依托自然资源优势和股份合作社经验推进农业现代化;确保涵养水源的生态功能,杜绝污染性行业;依托多样化的自然旅游资源,开展以养生为特色的生态旅游业。

五、崇龛镇产业结构调整

(一)产业结构调整

崇龛镇是一个农业大镇,基于十分适合种植业发展的生态禀赋,具备突出的农业特色,合理发展工业,积极促进第三产业的配套协同,定位清晰,总体产业比例比较合理。但在各个产业内部仍存在调整和升级的空间,如何在确保基础产业稳定增长的基础上,拓展具有当地特色和比较优势的主导产业,进一步提高产业效率和农民收入,提升城镇品牌形象,是崇龛镇当前面临的主要挑战。

第六章 村镇区域产业定位与空间引导技术

1. 推广土地整治,逐步提高种植业产量,积极推进果蔬、林业等现代农业发展

大力推进土地整治项目的铺开,是发展规模化、产业化现代农业的基础和前提。基于潼南县在整个重庆市的定位是农产品输出大县,其种植业的稳定发展对整个重庆国民经济的稳定都有重要意义。因此粮油种植业仍将作为基础产业,以"保证安全,稳定面积,调整结构,科技进步"为目标。推进种植技术水平的提高,推广优质品种的种植,同时强调土地轮休,坚持作物间种套种,保证土地效率,实现粮油增产。

现代农业与传统农业最大的区别在于广泛应用现代科学技术、现代工业提供的生产资料和科学管理手段。充分发挥农村地区的生态资源优势,以市场为导向,打破了传统农业的局限,扩展到包括生产资料工业、食品加工业等第二产业和交通运输、技术和信息服务等第三产业。发展现代农业应该坚持其科学化、商业化、生态化的特征,采用先进适宜农业科学技术、先进的经营方式和管理手段,改善农产品质量,实现生产的规模化与专业化,提高农业综合生产能力。

针对崇龛镇良好的农业基础和特色优势,可以在以下方面进行改善和调整:第一,继续推广无公害蔬菜种植,扩大现有蔬菜基地规模,探索有机蔬菜种植技术。开创蔬菜品牌,提高农产品商品率,尝试发展订单农业,打造蔬菜品牌,实现产供销一体化,延伸农业生产链,避免盲目生产,提高产品附加值。第二,与周边乡镇合作,利用不适宜种植粮食作物的耕地种植柠檬等经济作物,同时在镇区大力发展商贸流通,发展柠檬特色农业。第三,借助"油菜花节"基础,推广观赏性花卉或水果种植,弥补"油菜花节"季节性劣势,依靠自然条件优势打造崇龛镇"花海"品牌。第四,结合地形地势种植经济林及其他作物,养殖土鸡、甲鱼等,采用现代农业理念,借鉴规模化与商品化的运作模式,完善产业结构。

2. 依托第一产业基础,发展专业性农业产品生产加工业

基于崇龛镇的油菜种植和柠檬果业优势,规划建设粮油和果品生产加工区,延伸农业产业链,与旅游业相结合,打造具有崇龛特色的旅游产品。

3. 凸显特色、丰富整体旅游线路,完善基础设施配置

崇龛镇拥有较为丰富的旅游资源,其中与种植业有机结合的"油菜花节"已经在重庆市内获得不错反响。此外还有以"陈抟老祖故乡"为基础的道教文化与佛教旅游资源。然而,旅游业发展同样存在瓶颈,例如"油菜花节"季节性较强,在旅游高峰期缺乏足够的旅游服务设施,而节后又出现游客不足的现象;配套旅游项目不足,不能有效延长游客游览时间,旅游开发模式尚处在初级阶段。基于此,应考虑:

(1)努力提升旅游多样性和生态持续性,打造自身特色,区别于全国其他油菜花观光地区。如借助毗邻琼江河的优势,依水势修建景观廊道或观景步道,将山区特色和水乡风情融为一体。

(2) 丰富旅游内容。在"油菜花节"的基础上,探索推广花卉种植,与油菜花共同构成具有崇龛镇特色的花卉景观。既可以通过再加工创造效益,也可以弥补"油菜花节"的季节性缺陷。

(3) 增添观光内涵。以陈抟故里为内核,挖掘道家文化内涵与历史传说。结合玉佛寺、岱音寺等佛教文化资源,打造集特色景点、休闲观光、文化陶冶于一处的综合旅游目的地。

(4) 完善旅游服务设施,使得游客需求可以得到最大限度地满足。具体包括在镇区加强住宿、餐饮商贸等旅游配套设施的建设,改善镇区至潼南县以及镇区至各个景点的道路状况,合理规划停车场的位置与规模,灵活布置旅游车数量与规模,为沿江旅游带规划建设码头,加强各个景区的导引牌、讲解标识、旅游服务设施,统一景区风格,打造具有崇龛镇自身特色的景区风貌等。

镇区应该借助自身腹地优势,配合旅游业的发展,加强旅游和金融服务等方面的建设,大力发展商贸物流等行业,如商贸集市、蔬菜果品集散中心等设施,力争形成产供销一体的产业体系,提高农产品商品化率和附加值。

(二) 产业布局空间优化

根据崇龛镇自然资源和地理条件与社会经济发展现状及其未来规划发展方向,结合原有生产力布局情况,划定崇龛镇镇域范围内产业布局结构为三个片区:

1. 场镇核心区

崇龛镇区是全镇经济发展的核心,在现有产业的基础上,根据实际情况发展农副产品加工业,提高农产品附加值;大力发展商贸服务业,为全镇产业结构的优化与升级提供保障;积极完善旅游服务设施,提升崇龛镇"油菜花节"和花卉观赏游客的旅游感受。

2. 沿江旅游区

打造崇龛镇特色旅游产业名片,沿着琼江河两岸构建以油菜花和特色花卉种植为主体的旅游经济带,形成"山水花人"相互辉映的自然与人文景观。同时借助琼江河冲积形成的平坝地带这一地势条件,积极吸引企业合作,发展无公害蔬菜等现代农业,也可以因地制宜地开展观光农业,丰富旅游内容与层次,加强旅游服务设施建设,最大限度地满足旅游需求。

3. 特色林业区

除作为基础产业部分的种植业外,利用坡地种植柠檬,积极与毗邻的安岳县联合,共同打造柠檬品牌效应,在现有基础上扩大规模,完善组织管理,提高科学技术水平。此外,可以结合观光农业和体验农业的理念,发展以柠檬为主体的乡村深度游。还可以利用坡地种植经济林,同时与林业相结合适度发展复合畜牧业。

表 6-4 崇龛镇空间规划布局指引表

功能分区	镇区/村	主要职能	发展方向
场镇核心区	镇区	全镇的政治、经济、文化中心,旅游商贸服务的集中地	农产品加工业、旅游服务业
沿江旅游区	白沙村	农业生产及旅游	粮油、旅游、服务业
	临江村	农业生产及旅游	粮油、蔬果、旅游
	古泥村	农业生产及旅游	粮油、旅游、花卉
	老店村	农业生产及旅游	粮油、旅游、花卉
	青杠村	农业生产及旅游	粮油、旅游、花卉
	薛家村	农业生产及旅游	粮油、旅游、农副产品加工
	大屋村	农业生产及旅游	粮油、蔬果、旅游
	汪坝村	农业生产及旅游	粮油、旅游、花卉
	两河村	农业生产及旅游	粮油、蔬果、旅游
特色林业区	张板村	农林业种植业	柠檬、经济林、蔬菜
	青山村	农林业种植业	柠檬、粮油、农副产品加工
	桥沟村	农林业种植业	柠檬、果木
	柿花村	农林业种植业	柠檬、蔬菜、粮油
	石庙村	农林业种植业	柠檬、粮油、果木
	长寿村	农林业种植业	柠檬、果木
	龙台村	农林业种植业	柠檬、果木

(三)产业选择的自适应模式

崇龛镇拥有得天独厚的生态资源禀赋,适宜种植业发展。然而,传统种植业效率不高,附加效益低,难以规模化、产业化进而延伸生产链获取更高的产品附加值,不利于农民收入的提高,是以崇龛镇为代表的中国大量传统农业乡镇面临的主要问题。

崇龛镇利用中部琼江河两岸较为平坦的地形进行油菜花等传统农业种植,积极进行国土整治提高规模化程度,并在此基础上发展观光旅游业,在重庆市内已打造出独属的"油菜花节"品牌,在逐步提高传统农作物产量的前提下充分提高了传统农业用地效率。

针对东北部地形起伏较大的丘陵地带,崇龛镇因地制宜地选择种植柠檬、经济林等产业,目前柠檬产业已有一定规模,而葡萄、玫瑰等项目试点也纷纷展开。

崇龛选择了一条参观学习、模仿精选、适应改造，最终打造特色的产业选择模式。先充分利用后发优势学习周边地区的先进经验，自行组织考察团赴地形条件与自然资源相似的地区学习先进的种植和市场经验，探索适宜在本镇种植的经济作物，选取优良品种进行讨论推广，同时配以先进的技术支撑，具备一定规模后融合自身发展基础和产业特点，进一步完善产业结构，丰富发展内涵，积极创新塑造品牌来弥补市场份额劣势。在市场前期，由于"搭车"效应降低研发成本和行业风险；发展后期，后发者作为追赶者，相比先发者存在更多革新的动力从而在竞争中取得优势。正是这种自我适应的模式而非生搬硬套，使得崇龛镇既充分发挥了周边经济起步较早地区的辐射带动作用，又避免了产业雷同带来的后发弊端，最终实现多功能土地复合利用，有效提高土地效率。

六、石龙镇产业用地组织模式

石龙镇的产业发展以第一产业为主导，尤以农业为主。现阶段存在种植结构单一，农业规模化和产业化程度偏低、土地低效利用等问题，导致石龙镇第一产业发展受到限制，现代化进程趋缓，不利于村镇区域的全面发展。这些问题一方面源于劳动力大量外流，农业生产在很大程度上依赖留守的中老年劳动力；另一方面，初级的种植业生产形式无法吸纳大量就业。加上受制于地形条件，种植分散化，且机械化程度低，不利于形成规模化生产。人口、土地和生产方式三者之间相互影响、相互制约，导致了目前石龙镇的发展困境。

改变目前村镇区域发展的困境需要在人口、产业和土地中寻找切入点，打破目前"人口流失—产业停滞"的不利循环。由于农村剩余劳动力向城市流动是一个总体趋势，尤其是西南山区。同时，石龙镇不适宜发展第二产业，难以大规模吸纳就业。所以，可考虑从土地入手，通过改善土地组织方式，提高土地集约利用效率。通过推动农业的现代化和产业化，吸纳部分劳动力在地就业，提高农民生活水平，从而带动村镇发展。

1. 农户自由土地种植与农户间土地自行流转

农户自由土地种植与农户间土地自行流转是石龙镇现阶段较为普遍的农业用地组织模式。目前，农户自由土地种植面积约为 50 000 多亩，农户间土地自行流转面积 3000 多亩。自有土地以粮食作物种植为主，约占自有土地种植面积 90%。少量的经济作物种植多为农户个人行为，规模较小、经济收益较低。农户间自行流转的土地同样以粮食种植为核心，辅以经济作物和蔬菜瓜果等，具备农业产业化潜力。农户间自行流转土地以减少土地撂荒，提高土地利用效率。但目前尚处在初级阶段，流转面积有限。

2. 股份合作社形式的土地组织模式

股份合作社主要是指村集体成立股份合作社吸引农业企业投资，合作社根据投资企业的土地需求，在村集体内部通过土地流转完成土地资源整合。村民根据流转土地面积持有合作社股份。目前，石龙镇新型股份合作社引进了四家农业企业，流转土地面积约为 2400 多亩，全部集中于大兴村。企业获得的土地主要用于花卉苗木培育、观光蔬菜瓜果种植、种子试验基地等。股份合作社土地实现了规模化生产，使得作物种植类型更多样，生产管理模式更先进，显著提高了土地的产出收益、农产品商品化程度。此外，以股份合作社为依托，大兴村入股村民在经营管理、新村建设、土地组织与分配等方面形成了灵活的自主决策机制。特别是在与农业企业的合作过程中，通过民主决策建立了涵盖土地和收益分配的准入与退出机制，保障了入股村民的基本权益，同时确保了合作社在产业选择上的灵活性，及时对市场变化做出反应。

值得注意的是，受制于劳动力和资源等现状发展条件，村镇对农业企业尤其是市区大型企业的投资吸纳能力有限，同时受到管理水平不高和市场信息不充分带来的负面影响，因此不能盲目推广股份合作社形式。应在进行完善的市场潜力分析和对投资企业评估的基础上，引导相应村社成立股份合作社完成土地规模化经营。

第四节 小 结

村镇区域发展路径具有显著的多样化特征。"产业—人口—土地"之间的相互作用模式差异构成了多样化特征的基础。产业发展作为村镇区域发展的经济支撑和社会基础，是缓解现阶段村镇区域"产业—人口—土地"矛盾的核心命题。本章立足于村镇区域外部的动力与影响以及村镇区域内部的潜力与基础，通过对比发展综合定位和产业现状分析结果，剖析产业发展矛盾的特征。在此基础上，以产业和土地等不同维度为抓手寻求发展矛盾破题之道。不同于城市层面相对成熟的产业引导技术，村镇区域的产业发展涉及高占比的第一产业，地域特征迥异，土地性质为集体所有，缺乏完整、系统的方法和理论支撑。基于此，本章旨在提供分析框架与思路，并强调因地制宜与弹性灵活的重要性。

值得说明的是，由于村镇和城市在土地利用方式、土地价值以及产业结构等方面存在显著差异，因此对村镇区域产业空间优化的理解应当有别于城市产业布局的空间优化。在土地相对并不稀缺的村镇区域，空间优化的核心目标更为侧重两方面：一方面是通过空间避让的方式实现与生态环境基础的协调，这一点是城市产业空间规划相对弱化的方面,但对村镇产业空间而言至关重要;另一方面是提升土地利用的效率与效益,其与城市土地的集约节约利用目的不同,村镇产业空间优化的核心目标在于通过实现适度集中与适度规模化提升要素配置的效率,便于推动以农业为代表的产业发展。

参 考 文 献

Foster, A. D., Rosenzweig, M. R. (2003) Agricultural development, industrialization and rural inequality. Cambridge, Massachusetts: Harvard University.

Foster, A. D., Rosenzweig, M. R. (2004) Agricultural productivity growth, rural economic diversity, and economic reforms: India, 1970—2000. Economic Development and Cultural Change, 52(3): 509—542.

Lanjouw, P., Murgai, R. (2009) Poverty decline, agricultural wages, and nonfarm employment in rural India: 1983—2004. Agricultural Economics, 40(2): 243—263.

Long, H., Zou, J., Liu, Y. (2009) Differentiation of rural development driven by industrialization and urbanization in eastern coastal China. Habitat International, 33(4): 454—462.

倪斋晖. (1999) 论农业产业化的理论基础. 中国农村经济, (6): 55—60.

秦耀辰, 张丽君. (2009) 区域主导产业选择方法研究进展. 地理科学进展, 28(1): 132—138.

姚如青. (2015) 农村土地非农开发和集体经济组织重构——基于浙江两种留地安置模式的比较. 中国经济问题, (6): 37—48.

第七章

村镇区域居民点空间布局优化技术

第一节 引　　言

城镇化进程并非城市区域独立生长的过程。随着人口自乡村向城市迁移,乡村聚落原有的格局也将发生显著变化。村镇区域作为城市与乡村之间的过渡区域,其聚落形态亦随着人口的流动而分化出不同的形态(刘慧,2008;杨忍等,2011)。其中,既有华西村、韩村河、郑各庄等一批居住形态几乎与小城镇无异的示范村,也有由于城市化滞后于非农化所导致的"空心村"(薛力,2001),更有相当一部分自然村落在城镇化进程中随着劳动力外流的加剧而逐步走向消亡。

不同人口流动模式和程度的复合决定了村镇区域聚落形态的复杂性和多样性,而人口流动模式与程度的差异在很大程度上取决于城乡之间的相互作用。从系统论的角度理解,乡村和城镇是相互作用、相互联系的两个子系统,二者共同构成了区域系统(张富刚,刘彦随,2008)。区域的发展在一定程度上取决于来自城市发展的吸引力以及基于乡村自身要素禀赋结构的推动力(房艳刚等,2009),二者的相互作用是驱动人口发生流动的重要前提。而在居住空间的视角下,这一过程并非"点对点式"的变化关系,而是随着城乡联系的差异而表现出不同形态。这也决定了在村镇区域层面理解居住空间变化特征的重要性。

由此可见,作为乡村规划重要技术手段的农村居民点优化,应当顺应城镇化进程中乡村聚落变化的客观规律,充分考虑城乡联系对传统乡村聚落的影响,体现出村镇区域的城乡过渡特征。现有研究多从农村居民点的内在区位条件(谢宝鹏等,2014;朱雪欣等,2010)、空间布局特征(刘明皓等,2011)、土地整理潜力(张正峰,赵伟,2007;陈荣清等,2009)、建设适宜性(闵婕等,2012)等角度切入,作为支撑农村居民点合理布局的依据,借助包括两步移动搜索算法(陈伟等,2013)、引力模型(杨立等,2011)、Ripley's K 函数方法(沈陈华,2012)、耕作半径分析(乔伟峰等,2013)等优化方法,对农村居民点进行优化布局,取得了良好的效果。但现有研究更多立足于就乡村论乡村,对于城乡之间的联系缺乏定位。这就使得优化技术较难体现出乡村发展路径的多元化特征,容易导致优化技术与村镇未来发展不匹配的情况出现。

基于此,本章拟在现有众多研究的基础上,进一步引入对城乡联系的考量,对建立在适宜性评价基础上的居民点空间优化布局技术进行了扩展。一方面,利用基于城乡联系的村镇区域发展定位结果,在适宜性评价体系中增加村镇特色指标;另一方面,在普适指标中增加邻域效应分析,体现乡村聚落有别于城市的"大分散、小集中"特征。在此基础上,探索不同类型村镇区域的居住空间优化模式,进而为优化乡村聚落的组织形式、实现城乡资源合理配置和人地关系的协调提供技术参考。

第二节 农村居民点空间布局优化方法与技术

村镇区域差异化的区位条件和资源禀赋决定了其发展路径的多样性,而不同的发展路径对农村居民点的空间格局提出了不同的要求。居民点的重心、集聚程度等空间分布特征,需要与村镇的自然条件、基础设施配置情况、主导产业和未来发展方向相适应。研究首先以引力模型为核心,结合乡镇社会经济特征,从宏观层面对乡镇未来发展进行定位;然后依据不同乡镇的宏观发展路径对农村居民点整体布局的需求作为特色指标,以微观自然条件和经济基础限制作为普适指标,构建差异化的指标体系来评价现状居民点;最后基于评价结果,在微观层面对居民点斑块进行分类调整,以达到在乡镇尺度优化居民点格局、促进乡镇未来发展的目标(图 7-1)。

第七章　村镇区域居民点空间布局优化技术

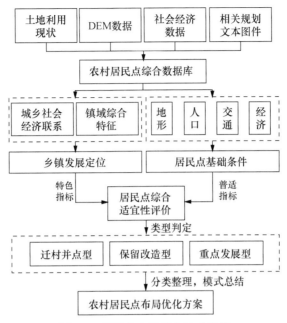

图 7-1　居民点布局优化技术路线

一、基于引力模型的乡镇发展定位

除资源禀赋条件之外,村镇发展在一定程度上还取决于其与城市的联系,即来自城市的外在驱动作用(房艳刚等,2009)。这种联系随着城市规模、性质以及城市与村镇的相对区位而异,使得乡村聚落的空间组织呈现出不同的形态。故在对村镇内部的居民点布局进行优化调整之前,有必要先明确村镇未来的发展路径,从而保证居民点的空间优化布局能够顺应其发展的内在要求。

引力模型是基于距离衰减原理,以万有引力公式的形式构造的模型,能够较好地体现出区域间相互作用程度(李江苏等,2009)。该模型广泛运用于城市与区域间经济联系、贸易联系的分析(顾朝林,庞海峰,2008;陈睿山等,2013)。为此,研究借助引力模型描述乡镇与周边城市之间的相互联系,以表征城镇发展对乡镇的辐射作用大小。此外,研究摒弃传统引力模型中的欧式距离,代之以道路距离,使其契合社会经济联系的实际特征。

具体计算公式为

$$R_{ij} = (\sqrt{P_i G_i} \times \sqrt{P_j G_j})/D_{ij}^2 \tag{1}$$

式中,R_{ij} 为 i,j 地区间的经济联系强度;P_i,P_j 为 i,j 地区的人口数量;G_i,G_j 为 i,j 地区的国内生产总值;D_{ij} 为 i,j 两地区之间基于道路网络的最短路程距离。

引力模型的结果能够作为村镇发展外在驱动力的衡量。引力越大,表明村镇受到周边城市的辐射带动作用越强,那么村镇未来发展在人口变化、产业类型、居住形态、设施配套等方面将逐步趋近于城镇的风貌;反之,引力越小,表明村镇受到周边城市的辐射带动作用较弱,相应地村镇受自身人口迁移、资源禀赋、农业发展水平等内在因素的影响更大,乡村聚落的形式则应侧重于与农业生产和生态环境条件相匹配。

二、考虑邻域效应的综合适宜性评价

农村居民点适宜性评价通过对村镇区域社会经济和生态环境的综合,实现土地资源在生产、生活和生态之间的统筹兼顾,是指导村庄合理布局的重要依据(孔雪松等,2012;曲衍波等,2010;双文元等,2013)。研究在构建指标适宜性评价指标体系时,侧重于在现有研究的基础上对两方面内容进行改进,引入两个层面的联系:

(1) 体现城乡之间的联系。将乡镇发展定位的分析结果引入评价指标体系,构建特色指标模块,体现出村镇未来发展方向对农村居民点适宜性的影响。

(2) 体现居民点之间的联系。乡村聚落较之城市虽然天然具有分散化的特征,但是在居住形态上仍表现出不同程度的集聚。一方面,居民点更多在建设条件和生产条件较好的地方聚集。这些居民点彼此之间间隔较近,相互间的经济、社会联系密切。另一方面,随着村镇社会经济发展水平的提升,居民点的集聚程度也在不断提升。而这一过程,往往表现出邻域效应。即新增居民点更多地围绕在现有的居民点周边。因此,在指标体系构建中,借助邻域效应描述农村居民点的集聚特征,纳入对农村居民点布局集聚程度的考量。研究利用"点统计"算法,以每个居民点为核心,计算一定步行时间范围内其他居民点的个数,并以此作为每个居民点所在地点居住集聚程度的表征。

具体表达式为

$$P_i = \sum_j \chi(d_{ij} - d_c) \tag{2}$$

其中,

$$\chi(x) = \begin{cases} 1 & \text{if } x < 0 \\ 0 & \text{otherwise} \end{cases} \tag{3}$$

式(2)中,d_c 是一个截断距离,P_i 就相当于与点 i 距离小于 d_c 的点的个数。考虑到居民日常生活的空间尺度,d_c 取值 150 m。P_i 的值越大,则点 i 所在地区的集聚程度就越高,且越靠近集聚的核心。

引入邻域效应表征居民点集聚程度,再与自然资源、社会经济和生态环境因素相结合,构建居民点综合适宜性评价指标体系(表7-1)。由于不同乡镇发展定位对居民点整体空间格局的要求不同,在评价居民点斑块是否符合乡镇发展趋势时应有所区分。因此,评价体系由普适性指标和特色指标两个模块构成。自然资源、社会经济和生态环境因素组成普适性指标模块,包括地表坡度、人口数量、人均收入、到最近道路距离、到水源地距离、是否为规划中心村等;特色指标则与村镇自身特征相适应。常见备选指标包括到水源涵养区距离、到工矿区距离、高程、到都市建成区距离、商业服务业从业人数等。

表7-1 居民点综合适宜性评价指标体系

指标类型	评价指标	指标类型	指标方向
特色指标	到水源涵养区距离	分级指标/连续指标	负向
	到工矿区距离	分级指标/连续指标	负向
	高程	分级指标/连续指标	负向
	到都市建成区距离	分级指标/连续指标	负向
	商业服务业从业人数	连续指标	正向
普适性指标	自然灾害	限制性指标	正向
	地表坡度	限制性指标	负向
	坡向	分级指标	正向
	居民点人口数量	连续指标	正向
	居民点集聚程度	连续指标	正向
	农民人均纯收入	连续指标	正向
	到最近道路距离	分级指标/连续指标	负向
	到水源地距离	分级指标/连续指标	负向
	规划中心村	限制性指标	正向

注:限制性指标为表示判断的二元变量,1表示适宜,0表示不适宜。

通过对指标体系进行加权,可得到各居民点适宜性得分。权重的确定可选用德尔菲法或熵值法。依据各居民点的综合适宜性得分,将每个居民点划分为重点发展型、保留改造型和迁村并点型三类。居民点的空间优化与调整建立在三类居民点的特征差异基础上。

第三节 农村居民点空间布局优化模式

如第四章所述(图4-1),村镇区域表现出的城乡过渡特征在很大程度上取决于城乡之间的距离。距离能够在一定程度上反映人口和资源在城乡之间流动的成本,决定了城乡之间的联系强度。延续上述在农村居民点空间布局优化技术中提出的思路,研究在提炼优化模式时,使用城乡之间的距离作为村镇区域发展定位的表征,分别为城市边缘、城市近郊、边远山区三类。在此基础上,结合村镇区域内城乡联系的主要内容,进一步将其细化为工业拓展区、生态涵养区和特色农业区。与此同时,将该类居民点空间优化的主要内容纳入模式中,分为扩张、调整和整合三类。综上可得三类村镇区域空间布局优化模式:城市边缘工业拓展区的扩张模式、城市近郊生态涵养区的调整模式和城市远郊特色农业区的整合模式。值得注意的是,此为本研究归纳提炼居民点空间优化布局的基本思路,并不涵盖所有类型。

一、适应于城市边缘工业拓展区的农村居民点扩张模式

城市边缘工业拓展区处于土地利用、社会和人口特征的过渡地带,尚不具备显著的工业化特征。土地利用处于农村转变为城市的高级阶段,既有旧的村庄,又有新的居民点,商业、工业、城市服务设施和农场随机分布(班茂盛,方创琳,2007)。

由于所处的区位及与区域中心城市的社会经济联系,这类村镇将成为城市扩张和产业转移的目的地,未来工业化和城镇化发展的潜力巨大。随着人口、工业、商业等先后从城市中心区向郊区外迁,城市边缘区具有如下特点:① 产业结构转换迅速,服务业比例大幅提高;② 劳动力充分就业,就业结构非农化趋势明显;③ 城乡二元结构改变,成为城市发展配套区域(荣玥芳等,2011)。同时,受城市经济发展的辐射,城市边缘乡镇区域将会经历随机混杂的建设用地扩张过程,逐步实现农业用地向城市土地利用之间的转变。其中城镇用地、农村居民点用地和独立工矿用地扩张最为显著,且扩张的过程变动性较大,呈不均匀的点状扩张现象(姜广辉等,2006)。

针对此类村镇的居民点布局优化,应当体现前瞻性,适度超前,为即将发生的建设用地迅速扩张预留空间。同时,此类村镇的居民点空间优化布局也应当与产业发展规划以及土地规划紧密结合,在居民点用地扩张的方向上与村镇的主导发展方向契合,即接受城市辐射影响的主导方向。

二、适应于城市近郊生态涵养区的农村居民点调整模式

生态涵养发展区是城市的生态屏障和水源保护地,其主要任务是加强生态环境的保护与建设,引导人口相对集聚,引导自然资源合理开发与利用和发展生态友好型产业(贺东升等,2010)。一方面,生态涵养对产业和社会发展方式提出了要求,一定程度上限制了乡镇依托快速工业化发展的传统方式;另一方面,生态环境本身具有社会资源和经济资源属性,为乡镇发展提供了契机。因此,尽管受到来自城市发展的辐射带动作用,城市近郊生态涵养型乡镇仍需依赖自身的资源禀赋来实现可持续发展。

承担生态涵养功能对村镇居民点的空间布局也提出了要求。在此类村镇的居民点布局优化过程中,空间布局调整是主要手段。居民点布局应当主动避让生态涵养区域,避免对承担重要生态涵养功能的区域产生扰动,因而迁村并点型居民点主要集中在生态涵养地区周边。随着生态景观的开发,旅游业等生态友好型产业将逐步演替为乡镇支柱产业。这一过程中,旅游服务配套设施、农家乐和民宿等在镇域内交通可达性较好的区位陆续开发。通过有针对性的引导农村居民点向综合适宜性条件较好地区集聚,最终形成重点发展型居民点集中在具有地方性交通枢纽的格局。

三、适应于城市远郊特色农业区的农村居民点整合模式

城市远郊受区位条件的制约,受到城镇的辐射带动作用较弱,发展商业和服务业的条件亦较为薄弱,交通可达性较差。在产业类型上以农业为核心,第二、三产业比重较低,商品经济尚不发达(陆远权,蔡扬波,2009)。该类型村镇的农村居民点在三类居民点中具有最为传统的农村聚落组织形式。山区的农村居民点分布相对分散,同时产业发展的滞后导致农村劳动力大量外流,耕地和居民点闲置现象严重。加之镇域内部路网密度较低,造成镇域内部的沟通联系薄弱,为各类设施和服务的配备造成了较大的困难。

在此背景下,城市远郊乡镇应以发展本地特色农业为道路,整合现有资源,提高利用效率。在劳动力外流、农业现代化程度明显滞后于其他两类村镇的背景下,农村居民点总体分散且缺乏集聚的有效动力,故而不能盲目对此类村镇的居民点进行迁村并点。对其农村居民点优化应当摒弃盲目扩张、大拆大建的思维,考虑如何利用好现有的农村居民点,在现有基础上进行有针对性地发展,以达到整合资源和社会、经济和生态效益的综合最大化。

第四节 居民点空间布局优化技术案例分析

一、案例区概况

本节选择重庆市涪陵区义和镇、巴南区石龙镇和彭水苗族土家族自治县润溪乡三个发展特征迥异的乡镇(图7-2),作为居民点空间布局优化技术的分析案例。义和镇(118°17′~118°23′E、29°48′~30°46′N)位于重庆市东部,西临长

江,距涪陵城区仅18km,海拔界于175～741m之间,毗邻涪陵李渡工业园区,是集生态农业、观光、休闲、度假为一体的现代综合性小城镇。石龙镇(106°50′～106°57′E、29°11′～29°21′N)位于巴南区东南隅,距重庆市区43km,距涪陵区84km,拥有2个国家级中型水库,是重庆市重要的水源涵养地。润溪乡(107°52′～108°1′E、29°2′～29°13′N)位于渝贵交界处,距彭水县城53km,海拔落差大,最高处1498m,平均海拔841m,居民点用地中最大坡度为57°,山地特征明显。润溪乡以烟叶种植为特色,烟草业产值占全乡农业总收入的26.9%,是以农业为绝对主导产业的城市远郊山区小镇(表7-2)。

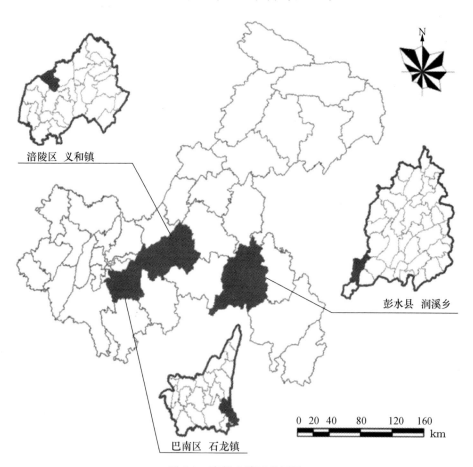

图7-2 案例乡镇区位概况

表 7-2 案例乡镇社会经济概况

乡 镇	所属区县	镇域面积 /km²	主要地形	平均海拔 /m	村镇GDP /万元	镇域人口 /人	农村居民点 用地面积 /hm²
义和镇	涪陵区	99.45	低山浅丘	469	36 357	46 321	765.19
石龙镇	巴南区	111	丘陵山谷	623	22 759	27 238	477.97
润溪乡	彭水县	108.72	中低山丘陵	841	8992	13 217	207.85

注:(1) 经济和人口数据来源于 2012 年重庆市涪陵区、巴南区和彭水县统计年鉴;(2) 高程和土地利用数据来源为义和镇、石龙镇和润溪乡 3 个示范镇 1∶1 万数字高程模型(DEM)数据和 2011 年土地利用现状图。

二、乡镇发展定位分析

根据修正后的引力模型,以人口数量、GDP 和城市中心到乡镇中心的道路距离为指标,分别测算义和镇与涪陵区、石龙镇与巴南区、润溪乡和彭水县各自的经济联系强度。结果表明(表 7-3),三个乡镇具有截然不同的城乡联系强度。进一步考虑涪陵区、巴南区和彭水县在重庆市的发展水平和分工,即外在驱动作用的差异化特征,可对各乡镇的发展定位进行识别。具体而言,涪陵区是重庆市相对发达的市辖区,2012 年涪陵区 GDP 是彭水县的 7.4 倍。同时,义和镇距离涪陵区仅 18 km,更靠近区县中心城市的建成区,且东接李渡工业园,深受城市工业发展的影响,经济总产值也高于石龙镇和润溪乡,因此义和镇与城市经济联系最强。石龙镇距离巴南城区 51.5 km,2012 年镇域人口规模仅为义和镇的 3/5,经济联系强度适中。润溪乡位于彭水县西南部,离县城较远,且山路盘桓,交通多有不便;而彭水县在重庆市区县中经济发展水平相对落后,润溪乡本身人口规模和经济体量也偏小,因此城乡间经济联系偏弱。

表 7-3 义和镇、石龙镇、润溪乡城乡联系强度对比

乡镇	区县中心 城市	城市GDP /万元	城市人口 /万人	村镇GDP /万元	镇域人口 /人	交通距离 /km	联系强度/ (万元·万人 /km²)
义和镇	涪陵区	6 305 288	116.66	36 357	46 321	18	34 351.82
石龙镇	巴南区	4 208 456	89.52	22 759	27 238	51.5	1822.10
润溪乡	彭水县	857 804	69.08	8992	13 217	56	267.61

注:(1) 经济和人口数据来源于 2012 年重庆市涪陵区、巴南区和彭水县统计年鉴;(2) 交通距离为 2014 年 12 月 20 日百度地图提供的区县中心到乡镇中心道路距离;(3) 联系强度为公式测算结果。

在此基础上,进一步对比三镇社会经济特征。结果显示,三镇人口都在减

少,这与城镇化的总体趋势一致(表7-4)。外出临时务工的人口比例大体遵循距离衰减的规律,这也说明越靠近城市中心,本地就业机会相对更多,更能留住人口,对本镇的发展越有利。

义和镇尽管有相对较好的区位条件,但自身的资源条件并不好,产业结构和发展水平均不理想,居民点布局的集聚程度低于城市边缘区应有的水平。但实地访谈发现,李渡工业园区由于持续发展,需要更大增长空间,义和镇面临行政区划上的调整,也将迎来产业升级的契机,农村居民点的布局也亟待调整以适应发展需求。

石龙镇自然资源比较丰富,境内有2座国家中型水库,具有重要的社会意义和生态意义,旅游开发价值较大。同时,石龙镇的种植条件也比较好,有发展现代农业的基础,其农村居民点布局的集聚程度与城市近郊区的要求基本相当。

润溪乡生态环境较好,但区位条件的劣势导致其各方面发展都相对滞后,也限制了旅游开发;全乡平均海拔较高,特色产业有一定基础,目前仍以粮食作物种植为主。此外,境内的矿石采掘属于污染型行业,对居民点的布局有一定影响。受地形所限,润溪乡的发展水平和农村居民点布局集聚程度均较低。

表7-4 义和镇、石龙镇与润溪乡社会经济特征对比

行政村	年均人口增长率/(%)(2010~2013)	外出合同工临时工占总人口比重/(%)	2012年工业产值占GDP比重/(%)	服务业收入占农村经济总收入比重/(%)	粮食作物播种面积占比/(%)	生态敏感性
义和镇	−1.69	34.02	4.98	1.27	51.08	低
石龙镇	−1.21	35.78	16.40	1.53	69.21	高
润溪乡	−1.40	39.28	0.11	1.33	62.53	中

数据来源:义和镇、石龙镇和润溪乡2009~2012年农村经济报表.

综上所述,义和镇作为城市边缘区,受城市工业拓展的影响深刻,未来大量发展第二、三产业,实现本地城镇化是大势所趋,可定位为城市边缘工业拓展型。石龙镇虽然位于城市近郊区,在一定程度上受到区县中心城市的带动作用,水源涵养的生态环境保护要求限制了其第二产业的发展,乡村旅游业成为主导,可定位为城市近郊生态涵养型。润溪乡城乡联系最弱,村镇发展完全依赖于自身条件的支持与制约。因此,润溪乡可定位为边城市远郊特色农业型(或边远山区特色农业区)。利用本地资源、发展特色农业是更为符合润溪乡实际的发展路径。

三、居民点现状适宜性评价

义和镇、石龙镇和润溪乡三种不同的发展路径对农村居民点空间布局提出

了不同的需求。义和镇正面临快速工业化和城镇化,农村居民点布局需提高集聚程度,使重心向涪陵市区方向偏移;石龙镇的主要矛盾在于水源涵养,农村居民点的布局只需要根据水源涵养要求进行必要的调整;润溪乡居民点则应顺应自然条件、整合现有资源,以利于特色产业发展。

根据以上需求,在居民点评价体系中设计了特色指标模块(表7-5),包括到都市建成区距离(义和镇)、到水源涵养区距离(义和镇、石龙镇)、商业服务业从业人数(石龙镇)、高程和到工矿区距离(润溪乡)。义和镇属于城市边缘工业拓展区,受城市系统影响最为深刻。从微观区位来看,越靠近涪陵城区的居民点,城镇化潜力越大。义和镇同时还位于长江上游三峡库区。为减少水源污染,长江沿岸不宜发展大规模居民点。石龙镇属于都市近郊水源涵养区,在保护生态敏感性的同时可依托水库发展休闲旅游业。润溪乡属于边远山区特色农业区,以烤烟种植为龙头产业。海拔越高,越有利于烤烟种植,因此高程在润溪乡居民点中具有重要影响。除此之外,适用于三个乡镇发展的普适性指标则包括自然灾害多发性和坡度等建设适宜性指标,到水源、道路等居住适宜性指标以及人均纯收入、人口数量、集聚程度、规划政策等发展性指标。

表7-5 居民点综合适宜性评价指标体系

指标类型	评价指标	义和镇	石龙镇	润溪乡
特色指标	到水源涵养区距离	—	—/0.05	
	到工矿区距离			—
	高程	0.025	0.025	0.075
	到都市建成区距离	0.2		
	商业服务业从业人数		0.05	
普适性指标	自然灾害	—	—	—
	坡度	—/0.075	—/0.075	—/0.05
	坡向	0.05	0.05	0.05
	居民点人口数量	0.1	0.15	0.175
	居民点集聚程度	0.1	0.1	0.1
	农民人均纯收入	0.05	0.1	0.175
	到最近道路距离	0.15	0.15	0.15
	到水源地距离	0.15	0.15	0.125
	规划中心村	0.1	0.1	0.1

注:"—"该项指标有限制性要求;数值表示该项指标赋予的权重,空值表示不采用此项指标;"—/数值"表示该项指标应首先满足限制性条件,才依此权重参与评价。

根据评价结果,义和镇居民点用地中坡度大于30°的有56个,高程大于500 m的居民点154个,到三峡库区距离小于50 m的居民点90个。最终有155

个居民点未通过限制性评价,合计面积 46.13 hm², 占全部居民点面积的 6.03%。其余 2236 个居民点的适宜性评价得分在 0.18~0.82 之间,平均得分 0.55,近 70% 的居民点得分介于 0.4~0.7。对这部分居民点按优化模式进行划分,得到重点发展型居民点 787 个,总面积 375.54 hm²,主要分布在镇级公路沿线和靠近李渡新区的镇区、松柏村、高峰村和鸭子村。保留改造型居民点 1341 个,总面积 335.92 hm²。迁村并点型居民点 263 个,总面积 53.72 hm²,主要分布在两江沿岸和距离涪陵区较远的区位。

以坡度大于 30°、距离水源涵养区小于 150 m 为限,石龙镇共有 189 个居民点未通过限制性评价,这些居民点主要分布在水库河流水源涵养区内或坡度较大的深沟地带,被划为迁并型。重点发展型居民点有 547 个,主要集中在中部的大兴村、大连村和大桥村以及中伦村部分地区,南部的白马村和金星村部分地区。迁并型居民点有 382 个,主要分布在中伦村、柏树村和金星村。保留改造型居民点 1938 个,主要集中在大园村、合路村和白马村。

以坡度大于 35°、距离工矿区距离小于 500 m 为限,润溪乡共有 72 个居民点未通过限制性评价,被划分为迁并型。重点发展型居民点有 128 个,主要集中在南部的干溪村场镇、凉水村的龙洋组团,以及东侧二级公路沿线。迁并型居民点共有 173 个,主要分布在岩角村、麻池村、肖家村和莲花村的部分地区;其中,位于前三个村的大部分迁并型居民点是由于距离工矿区不足 500 m,环境污染较为严重。保留改造型居民点 863 个,总面积 141.54 hm²。

四、居民点优化模式

从三个研究村镇的空间调整结果来看,义和镇属于城市边缘工业拓展区的扩张模式。尽管尚不具备显著的工业化特征,但是义和镇所处的区位及其与周边城市化地区的联系,决定了其未来发展的主要方向。优化结果显示(图 7-3),义和镇优化后的重点发展型居民点的空间重心明显偏向于位于东北部的李渡工业园,这也与李渡工业园计划将义和镇内的部分区域划为工业拓展区的发展规划相一致。义和镇的重点发展型居民点占有相当高的比例,达到 32.92%(图 7-4),也体现出了此类村镇居民点集聚与扩张的较大潜力。

石龙镇属于城市近郊生态涵养区的调整模式,其发展虽然在一定程度上受到城镇辐射带动作用,但生态条件的约束对居民点的空间优化提出了更高的要求。整体上,居民点的空间优化以空间调整和空间避让为主,避免对生态敏感区产生扰动。优化结果显示(图 7-3),石龙镇重点发展型居民点的空间重心更偏向镇域中心,且整体较为均衡。同时,石龙镇三种居民点的比重在三镇里都属于中间水准(图 7-4),也体现了此类村镇居民点以局部调整为核心的优化特点。

第七章 村镇区域居民点空间布局优化技术 115

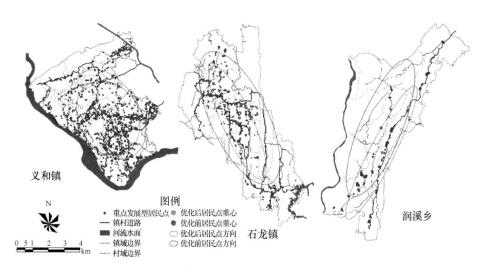

图 7-3 义和镇、石龙镇和润溪乡居民点优化模式图

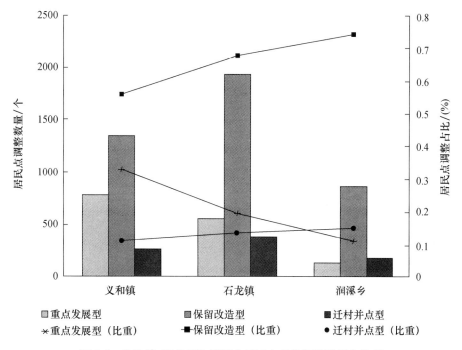

图 7-4 义和镇、石龙镇和润溪乡居民点优化调整数量与比重

润溪乡属于城市远郊特色农业区的整合模式，其发展一方面受制于不利的区位条件，另一方面对资源禀赋条件具有高度依赖。润溪乡乡域内东部海拔较高，烟草产业发展较好。相应地，优化后的重点发展型居民点的空间中心也向东部显著偏移（图7-3）。对于整体发展水平较低的润溪乡来说，整合优势资源、针对性发展是调整居民点布局的主要方向，因此其保留改造型居民点的比重在三个镇中也是最高的，达到了74.16%（图7-4）。

第五节 小　　结

受城乡联系差异的影响，各镇乡村都呈现出不同的现状特征和未来发展趋势。本章从农村居民点布局的角度，结合重庆市的案例，探讨了不同类型乡村单元的多种优化模式。在技术思路方面，研究在现有技术的基础上，基于城乡联系和邻域分析两个角度体现了村镇区域的过渡特征。城乡联系体现出城市发展对村镇辐射作用不同所产生的居住空间需求差异。领域分析则体现出乡村居住空间"大分散、小集中"的内在特征，以区别于城市居住空间高度集聚的属性。

在此基础上，分别选取特色指标和普适指标构建居民点现状适宜性评价体系，以契合村镇区域的多样性和异质性。例如，工业拓展型村镇的特色指标为到城市的距离，生态涵养型村镇强调居民点对生态环境的影响，而特色农业型村镇则主要考虑居民点的建设适宜性和农业生产的便捷性。适宜性评价的结果有助于将居民点分为重点发展型、保留改造型和迁村并点型，进而为空间调整提供依据。

研究以重庆市义和镇、石龙镇和润溪乡三个不同类型的乡镇为例对技术进行应用，并对结果进行比较分析。据此归纳出城市边缘工业拓展区、城市近郊水源涵养区和城市远郊农业特色区三类较为典型的空间优化模式。总体上，具备较好发展潜力的城市边缘工业拓展区，居民点空间优化应当适度超前，为扩张预留空间。关键在于：扩张方向应当与村镇区域的主导发展方向相契合；城市近郊水源涵养区则以减少环境扰动为目标，以空间调整和避让为主要手段，实现居民点在条件较好的地区集聚，适应生态涵养和产业转型的需要；相比之下，城市远郊农业特区具有最为传统的乡村聚落组织形式。在农业现代化程度滞后、居民点总体分散且缺乏集聚动力的情况下，居民点优化重在资源整合、提高利用效率，避免盲目地迁村并点工程。

参 考 文 献

班茂盛,方创琳.(2007)国内城市边缘区研究进展与未来研究方向.城市规划学刊,(3):49—54.

陈荣清,张凤荣,孟媛,等.(2009)农村居民点整理的现实潜力估算.农业工程学报,25(4):216—221.

陈睿山,叶超,蔡运龙.(2013)区域经济联系测度方法述评.人文地理,28(1):43—47.

陈伟,李满春,陈振杰.(2013)GIS支持下的县域农村居民点布局优化研究.地理与地理信息科学,29(2):80—84.

房艳刚,刘继生,程叶青.(2009)农村区域经济发展理论和模式的回顾与反思.经济地理,29(9):1530—1534.

顾朝林,庞海峰.(2008)基于重力模型的中国城市体系空间联系与层域划分.地理研究,27(1):1—12.

贺东升,刘华,薛正旗.(2010)北京市生态涵养发展区乡村旅游发展研究.中国农业资源与区划,31(1):43—46.

姜广辉,张凤荣,孔祥斌,等.(2006)北京山区建设用地扩展空间分异分析.地理研究,25(5):905—912.

孔雪松,刘耀林,邓宣凯,等.(2012)村镇农村居民点用地适宜性评价与整治分区规划.农业工程学报,28(18):215—222.

李江苏,骆华松,王晓蕊.(2009)引力模型重构在城区与郊区相互作用中的应用.世界地理研究.18(2):76—84.

刘慧.(2008)中国农村居民收入区域差异变化的因子解析.地理学报,63(8):799—806.

刘明皓,戴志中,邱道持,等.(2011)山区农村居民点分布的影响因素分析与布局优化——以彭水县保家镇为例.经济地理,31(3):476—482.

陆远权,蔡扬波.(2009)西部贫困山区农村经济发展问题与对策.江西农业大学学报(社会科学版),8(3):27—31.

闵婕,杨庆媛,翁才银.(2012)基于村域范围的农村居民点布局评价与空间格局优化.中国农学通报,28(15):283—290.

乔伟峰,吴江国,张小林,等.(2013)基于耕作半径分析的县域农村居民点空间布局优化——以安徽省埇桥区为例.长江流域资源与环境.22(12):1557—1563.

曲衍波,张凤荣,姜广辉,等.(2010)基于生态位的农村居民点用地适宜性评价与分区调控.农业工程学报,26(11):290—296.

荣玥芳,郭思维,张云峰.(2011)城市边缘区研究综述.城市规划学刊,(4):93—100.

沈陈华.(2012)丹阳市农村居民点空间分布尺度特征及影响因素分析.农业工程学报,

28(22): 261—268.

双文元, 郝晋珉, 余述琼, 等. (2013) 基于压力论的农村居民点用地适宜性评价与空间格局优化模式. 中国农业大学学报, 18(5): 146—155.

谢保鹏, 朱道林, 陈英, 等. (2014) 基于区位条件分析的农村居民点整理模式选择. 农业工程学报, 30(1): 219—227.

薛力. (2001) 城市化背景下的空心村现象及其对策探讨. 城市规划, 25(6): 8—13.

杨立, 郝晋珉, 王绍磊, 等. (2011) 基于空间相互作用的农村居民点用地空间结构优化. 农业工程学报, 27(10): 308—315.

杨忍, 刘彦随, 刘玉. (2011) 新时期中国农村发展动态与区域差异格局. 地理科学进展, 30(10): 1247—1254.

张富刚, 刘彦随. (2008) 中国区域农村发展动力机制及其发展模式. 地理学报, 63(2): 115—122.

张正峰, 赵伟. (2007) 农村居民点整理潜力内涵与评价指标体系. 经济地理, 27(1): 137—140.

朱雪欣, 王红梅, 袁秀杰, 等. (2010) 基于GIS的农村居民点区位评价与空间格局优化. 农业工程学报, 26(6): 326—333.

第八章

村镇区域公共服务设施优化布局技术

第一节 引　言

　　长期以来,中国乡村地区的公共服务设施存在较为严重的供求结构性失衡现象,表现在供求内容不匹配、供给机制较为单一等方面,严重制约了城乡基本公共服务均等化的实现(林万龙,2007a)。经济发展条件和发展特征方面的差异导致乡村地区的公共服务供给范围与人口格局表现出显著的空间非均衡性(李志军等,2010;宋潇君等,2012),也决定了公共服务设施布局对于人口与土地利用的影响存在差异。因此,乡村地区公共服务设施的空间布局不能单纯延续城市公共服务设施配置的逻辑。城市公共服务设施的配置,通过等级、数量、可达性等基本条件的综合约束,力求以最为集约有效的空间布局满足不断扩张的人口所带来的需求增加(陈伟东,张大维,2007;孙德芳等,2013)。而对于乡村地区而言,情况则十分不同。随着城市不断扩张,位于城市周边的乡村地区有条件承接城市产业转移与功能分散(李乐等,2011),地区发展、人口增加,对于公共服务设施的数量与质量要求不断提高,主要矛盾集中在供给的滞后与现有设施的优化升级。与之相对,伴随着快速城镇化,大量的农村剩余劳动力逐步向城市迁移,部分地区的农村人口逐年减少(李裕瑞等,2010;张京祥等,2010)。在这些农村地区,人口的减少使得达到公共服务设施门槛值的空间范围不断扩大,而空间范围的扩大又极易导致可达性的基本要求无法满足。除此之外,此类农村地区的居住往往相对松散;受生产方式影响,居住与土地的联系十分紧密,因此公共服务设施对于人口布局的带动作用远小于人口布局对公共服务设施的影响，这一点与城市截然不同。由此可见，对第二类乡村地区，其公共服务设施的空间优化布局的实现需要不同于城市公共服务设施的布局思路。

现有公共服务设施布局研究以空间可达性为核心变量（宋正娜等，2010），借助比例法、最近距离法、引力模型法和霍夫模型法等方法对乡村公共服务设施的空间可达性进行度量，并以此作为其空间布局优化的依据（孔云峰等，2008；朱华华等，2008；宋正娜等，2010；李乐等，2011）。这些方法在现有研究中有广泛运用，也取得了较好的效果。但是，要将基于几何特征的空间优化模型引入乡村公共服务设施空间布局研究，一方面需要考虑如何与农村相对分散化的分布特征相结合；另一方面则需要考虑如何实现对人口外流这一现状的表达，在一定程度上超越单纯基于现状的优化，而实现基于发展趋势的优化。换言之，对于城市扩张范围内的农村地区，可以通过城市公共服务设施布局方法的改进与调整实现；而对于一般化的农村地区，还需要在兼顾其固有的空间特征的基础上，有针对性地进行动态优化。

基于此，本章从人口数量和空间动态变化入手，通过情景分析的方法，探讨村镇区域人口居住结构变化对公共服务设施布局的影响。在此基础上，有针对性地提出村镇区域公共服务设施优化布局路径，以期为农村公共服务设施配置和调整提供方法参考，实现快速城镇化时期村镇区域公共服务设施的合理配置与公平利用。

第二节 农村公共服务设施优化布局方法与技术

一、基于人口数量与空间动态变化的情景分析

与城市周边地区的乡村相比，一般乡村地区接受城镇化发展的辐射作用较为薄弱。在这些区域，劳动力逐步外流导致了人口的总体减少，而以种植业为主的生产模式决定了农业生产与日常生活紧密联系，形成了相对分散的空间分布格局。人口数量的减少与分布的相对分散成为制约其公共服务设施布局的主要难点；农村人口的减少使得达到公共服务设施门槛值的空间范围不断扩大，而空间范围的扩大又极易导致公共服务设施无法满足基本的可达性要求。绝大多数的西南山区乡村地区在实现公共服务均等化的过程中，正面临着"门槛—可达性"这一显著矛盾。

人口数量和居民点空间结构构成了西南山区公共服务设施空间布局的两个维度。在此基础上，以人口数量变化为横向维度、居民点空间结构变化为纵向维度，交叉组合构成四个情景象限（图 8-1），用于分析不同人口总量与居民点空间

变动对公共服务设施布局产生的影响。其中,第一象限(右上)为基准情景,代表乡村地区的现状情况;第二象限(左上)代表人口数量减少,但居民点空间布局未进行调整的情况;第三象限(左下)代表人口数量减少,并对此及时做出响应,通过居民点整理进行居住空间优化的情况;第四象限(右下)则代表人口相对稳定,但通过居民点整理进行居住空间优化的情况。

评价过程中,可在四个情景下对现状公共服务设施布局的"门槛—可达性"矛盾进行综合分析,探讨人口数量和空间结构的动态变化对公共服务设施空间需求所产生的影响。在此基础上,基于不同情景进行公共服务设施优化布局,并综合对比不同情境下的优化结果,以此探讨在一般农村地区公共服务设施空间布局过程中,与人口动态紧密结合的必要性。

图 8-1 人口数量与空间动态情景设计

就四种分析情景而言,除去作为基准分析情景的情景Ⅰ,情景Ⅱ、Ⅳ、Ⅲ分别从人口维度、空间维度和人口-空间二元维度评估了公共服务设施的空间布局。其中,情景Ⅱ的分析结果表明在人口空间均衡减少的前提下公共服务设施要维持之前的服务人口规模所要付出的可达性方面的代价,揭示了"门槛—可达性"矛盾影响下部分公共服务设施必然消亡的趋势;情景Ⅳ的分析结果表明,居民点空间调整和结构优化所带来的农村居住模式的变化将给现有的公共服务设施空间布局造成冲击,揭示了人口集聚引发资源集聚及重新优化配置的必然结果和要求;情景Ⅲ作为与现实最为接近的分析情景,表明了人口空间非均衡减少的复合变化下农村公共服务设施面临的"门槛—可达性"矛盾,并通过两期人口变化的情景设置,对人口空间非均衡变化进行动态模拟,并就公共服务设施的服务情况进行了估计。在实际对公共服务设施进行优化配置时,应参考情景Ⅲ的结果进行。

二、居民点整理的指标体系

为满足情景分析中实现居民点整理的需求,结合实地调研情况,综合构建了居民点整理的参考评价指标体系(表 8-1)。其中,目标层级包括限制性指标和适宜性指标两大类。限制性指标包含建设因子和生态因子,分别用坡度和到水源涵养区距离来衡量,居民点所处坡度大于25°,或者到水源涵养区距离小于150 m将直接纳入迁并类型。适宜性指标包含地形因子、人口因子等6大类评价因子,每一类因子均根据评价指标的实际范围,划分为1~5级,并赋予各个等级相应的分值,对于通过限制性指标检验的居民点,进一步通过适宜性指标,运用层次分析法对居民点进行分析和评价,并根据评价结果将居民点划分为重点发展型、保留型和迁并型三类,并利用最近距离原则,以重点发展型居民点为发生元,划定主要发展区域,明确居民点的未来发展方向,得到居民点整理结果,并将其录入公共服务设施评价综合数据库,以备分析使用。情景分析中,对不同的居住集中程度设计了近期和长期两个目标。具体操作过程中,近期目标将迁并型居民点优先与同一行政村内的重点发展型居民点合并;在长期目标中,则进一步将保留型居民点与同一行政村内重点发展型居民合并。

表 8-1　居民点整理指标体系

目标层级	评价因子	评价指标	阈值/指标方向*
限制性指标	建设因子	坡度	25°
	生态因子	到水源涵养区距离	150 m
适宜性指标	地形因子	坡度	—
	人口因子	非农行业从业人数	+
	空间因子	居民点相对密度	+
	经济因子	地均 GDP	+
		农民人均纯收入	+
	交通因子	到村级道路距离	—
		到镇级道路距离	—
	政策因子	规划中心村	+

注:适宜性指标中,"+"表示正向指标,即指标数值越大,指标得分越高,"—"表示负向指标,即指标数值越小,指标得分越高;最终的居民点评价类型由各个指标综合得分得出。

三、公共服务设施空间评价方法

公共服务设施空间评价是情景分析中,在不同人口动态情景下,实现公共服务设施"门槛—可达性"综合评估的重要手段。为此,可选择空间可达性模型对公共服务设施空间布局进行评价。常见的空间可达性模型包括基于空间最短路径的最近距离模型、基于设施服务能力和空间吸引力的引力模型,以及基于空间选择行为的Huff模型等。对于以提供最为基本公共服务为主的乡村公共服务设施而言,可达性是其最为重要的属性。因此,最近距离模型在乡村公共服务设施空间布局的评价中,具有直观且匹配的内涵。

最近距离模型的数学表达相对简洁。假设居民点集合为
$$A = \{a_1, a_2, a_3, \cdots, a_m\},$$
其中,a_i 表示第 i 个居民点;小学集合为
$$B = \{b_1, b_2, b_3, \cdots, b_n\},$$
其中,b_j 表示第 j 所小学。D_{ij} 为第 i 个居民点到第 j 所小学的距离,则第 i 个居民点的学生选择的学校可表示为
$$S_i = \min(D_{i1}, D_{i2}, D_{i3}, \cdots, D_{in}).$$
最近距离计算的结果集合可表示为
$$S = \{S_1, S_2, S_3, \cdots, S_m\}.$$
评价的具体实现借助 ArcGIS Desktop 软件辅助实现。在软件平台中,通过 Near 工具计算距离每个居民点最近的小学,由此得到现状小学服务的居民点。以此为依据,计算每所小学的空间覆盖范围、覆盖人口、平均就学距离等指标,综合评价其"门槛—可达性"的变化情况。

第三节 农村公共服务设施布局优化路径

人口在数量和空间层面的动态变化与公共服务设施布局至关重要的两个维度——规模与可达性紧密相关,其并非诸如"人口对应规模"或"空间对应可达性"的关系。恰恰相反,规模的不足可以通过牺牲可达性进行替代,而可达性的缺陷亦可以通过空间需求结构的调整来弥补。这也决定了一般乡村地区公共服务设施空间布局可能区别于城市的两个特征:① 其主要矛盾并不在"日益增长的需求与供给不足"之间的矛盾,而在于"难以为继的规模与先天不足的可达性"之间的矛盾;② 农村社区化或居民点整理是现阶段利用空间调整实现农村公共服务设施布局问题的主要手段(唐淑云,2002;袁定明等,2007)。但是,与城市天然的高度集聚特征不同,农村集中居住具有严格的前提条件(司林波,孟卫东,2011),除了人口变动之外,还对于农村产业发展状况具有严格要求。倘若农民生产仍以分散化的种植业为主体,受制于土地,其显然不具备集中居住的条件。尽管如此,在农村现代化的时代背景下,农村产业结构优化以及随之进行的农村居民点的逐步集中依然是不可逆的一种发展趋势。

在人口不断减少的乡村地区,其公共服务设施空间所面临的问题与城市或接受城市发展辐射带动的乡村地区是截然不同的。因此,一般乡村公共服务设施的空间优化,除了通过"空间几何"的优化配置之外,还需要充分考虑供需结构在空间上的动态变化。这样,一方面可以规避单纯依靠基于"空间几何"优化模型的静态特征对结果的影响,导致为了片面追求资源配置效率的最优而牺牲公

共服务设施的可达性或公平性；另一方面能够通过在空间上引导需求，实现对规模问题的改善，即通过调整可达性，实现规模的增加，从而以避免机械式的设施迁并所导致的可达性恶化。在此基础上，本章提出一般乡村地区公共服务设施布局优化的四个步骤：

（1）核定人口空间动态变化情况。人口减少将会对公共服务设施规模产生显著影响，为此，在乡村地区公共服务设施布局优化之初，应当首先核定人口动态变化情况及其空间变化。对于人口不断减少的乡村地区，应当考虑规模与可达性之间的权衡问题。

（2）确定居民点调整的基础与可行性。一方面，对现有农村居民点进行评价，确定农村居民点布局与自然条件和社会经济发展条件的匹配程度，确定是否具备进行农村居民点调整潜力；另一方面，对地区的社会经济发展状况进行必要的判断，尤其是产业发展基础，确定是否具备进行农民集中居住/农村社区化的基础。并在此基础上，确定居民点调整方案。

（3）通过需求空间结构的调整。引导公共服务设施布局的优化：基于居民点调整方案，确定公共服务设施的空间需求结构。在此基础上，利用"空间几何"模型对公共服务设施的现状布局进行评价和布局优化，获取公共服务设施的优化方案。

（4）设施规模评估。在优化方案的基础上，核算其中每个设施的服务规模与范围。对于未达门槛规模的公共服务设施有针对性设计支持、运营和维护保障方案，以保证公共服务设施的公平性。

第四节 农村公共服务设施空间优化布局技术案例分析

一、案例区概况

潼南县位于重庆市西北部，属四川盆地浅丘地区。崇龛镇位于潼南县城西北部，北纬 N30°09′12″，东经 E105°36′58″。地形复杂多变，以丘陵山地为主。受地形条件影响，农业生产和生活居住均相对分散。全镇面积约为 87.6 km²，其中坡度 25°以上地区占全镇面积的 52%，集中分布于镇域东部和西南部。全镇下辖 16 个村，1 个社区，共 140 个合作社，分布有约 2378 个居民点，户籍总人口数约为 $5.2×10^4$ 人。崇龛镇的常住人口下降较为明显，2000 年常住人口为 43 348 人，而 2010 年常住人口仅为 27 745 人，十年内常住人口减少了 15 603 人，降幅达 36%。教育方面，在 2008 年，崇龛镇共有在校学生 4800 余人，其中小学生 3722 人（表 8-2），散布于镇区及 16 个自然村中。到 2012 年，全镇在校学生约 1200 人。

表 8-2 崇龛镇各小学在校人数(2008 年)

学校名称	学生人数	学校名称	学生人数
崇龛小学	1581	红星关龙村小学	164
三官庙小学	109	思源小学	229
石庙村小学	189	摇篮小学	109
青山村小学	110	龙台寺小学	148
桥沟村小学	53	红星小学	412
朱家小学	550	长寿村小学	68

数据来源:《重庆市潼南县崇龛镇国土整治规划(2009—2020)》.

全镇现有中学 1 所(位于镇区),小学 12 所,辐射范围基本覆盖全镇。其中,长寿村有小学两所,白沙村、古泥村、清江村、柿花村、石庙村和汪坝村无小学。学校规模形成等级结构,与各村经济发展条件相关(图 8-2)。规模较大的几所小学集中位于地势相对平坦的地区,且呈沿道路分布的模式;位于丘陵区等地形条件相对较差、区位较为偏远的小学规模则相对较小。考虑到中学具备实行住宿制的条件,其单体规模大、总体数量少,空间辐射能力显著大于小学。相比之下,小学对可达性的要求较高,且数量较多,对空间布局的要求较大。在人口基数小且生源持续减少的大背景下,乡村小学空间布局所面临的"门槛—可达性"矛盾明显大于中学,具有鲜明的代表性。故本章将集中以小学为例进行深入分析。

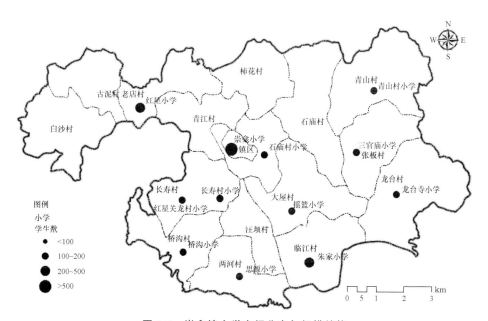

图 8-2 崇龛镇小学空间分布与规模结构

二、人口数量变化对公共服务设施布局的影响

由表 8-3 中基准情景(即情景Ⅰ)的计算结果可知,崇龛镇既有的小学结构和布局并不十分合理。不同小学的学生平均上学距离之间存在较大差距,平均上学距离最远的红星小学是距离最近的长寿村小学的近 3 倍。而在空间上,有 4 所小学的服务范围接近或超过了三个行政村(红星小学、崇龛小学、石庙村小学和青山村小学),其余学校则主要面向本村生源。此外,各学校平均上学距离的绝对数值普遍较高。红星小学甚至高达 2000 m。若结合步行速度、地形起伏与道路状况估算,2000 m 的直线距离意味着红星小学平均步行上学时间将超过 30 min,这表明崇龛镇部分小学的空间覆盖范围过大,严重影响了可达性需求的满足。从服务学生数量来看,崇龛镇 12 所小学绝大多数的规模都很小,而规模最小的桥沟村小学仅有学生 39 人。学生人数过少、学校规模过小成为制约学校日常教学正常开展的关键因素之一。

情景Ⅱ代表着人口总量在空间上的整体减少,其与情景Ⅰ的结果对比(表 8-3)表明,人口减少将进一步放大崇龛镇小学面临的"规模—可达性"矛盾,印证了人口数量减少对乡村公共服务设施所提出的挑战。人口总量变化导致现有小学的服务压力将在不同程度上发生变化。首先,从服务学生数量看,人口总量减少将直接对办学规模产生压力。各校生源的一致减少,将恶化全镇整体的办学条件,进而对学校的生存产生实质影响,个别受影响严重的学校将面临关停的风险。其次,由于在情景Ⅱ中暂未考虑居民点的空间布局方面的变化,所以各小学平均上学距离未发生变化。但这并不意味着人口减少对可达性不产生影响。人口总量的减少导致学校的生源数量受到影响。一旦学校规模低于维持正常教学所必须的门槛值,那么学校将面临两个选择,或者扩大范围招生,或者选择关停。若选择前者,本区学校不得不开始跨区招收学生,进而导致学生上学距离增加,从而导致可达性降低;若选择后者,本区学校的关停意味着本区学生不得不跨区就学,从而导致其他学校的可达性降低。表 8-3 的最后一列是对人口减少后,学校若要维持原有学生规模,而需要在其服务范围新增居民点数量的估算。可以看到,情景Ⅱ设计人口减少 30% 的条件下,近一半学校的服务范围扩张需要新增居民点数量高于 50%。这对于可达性需求的满足将形成巨大压力。

表 8-3　情景Ⅰ与情景Ⅱ下小学服务范围对比

学校名称	情景Ⅰ		情景Ⅱ		对　比
	平均距离/m	服务学生数/人	平均距离/m	服务学生数/人（减少人数）	需补充居民点/个［变化占比/(%)］
红星小学	2076	213	2076	149(−64)	198(+58)
崇凫小学	1628	187	1628	131(−56)	174(+92)
青山村小学	1458	117	1458	82(−35)	109(+32)
石庙村小学	1456	138	1456	97(−41)	129(+53)
龙台寺小学	1239	104	1239	73(−31)	97(+30)
三官庙小学	998	87	998	61(−26)	81(+33)
红星关龙村小学	911	41	911	29(−12)	38(+42)
摇篮小学	903	77	903	54(−23)	72(+40)
朱家小学	889	46	889	32(−14)	43(+52)
桥沟村小学	870	39	870	27(−12)	36(+44)
思源小学	854	80	854	56(−24)	75(+51)
长寿村小学	699	64	699	45(−19)	60(+56)

三、人口空间动态对公共服务设施布局的影响

情景Ⅳ中，依据居民点整理指标体系，从现状居民点的整体条件和发展潜力出发，对其进行评价，划分了迁并、保留与重点发展三类居民点，并将迁并型居民点就近与重点发展型居民点进行调整合并，以期实现对居住空间格局的优化，满足村镇区域可持续发展的内在要求。居住空间格局优化后的结果可以看出（图8-3），迁并型的居民点大多为距离水源或生态涵养区过近或者所处坡度过大、不适宜建设的居民点。此外，迁并型的居民点普遍位于位置偏远、经济相对落后、交通条件相对不便的村落。

总体而言，居民点整理将是乡村发展过程中实现资源合理优化配置的重要环节之一，而公共服务设施的配套需要与居住空间的动态变化相适应。情景Ⅳ与情景Ⅰ的对比（图8-4）反映出居民点整理对小学配套在规模和可达性方面存在复杂影响。其中，近期与远期代表着不同的居住集中程度。近期情景下调整的结果表明（图8-4a），基于发展潜力和自然条件状况的居民点整理，通过迁并偏远居民点，改善居住空间结构，在一定程度上缓解了部分学校的可达性问题。故在平均距离变化方面，总体表现出一定程度的改善。但是在迁并过程中，大部分

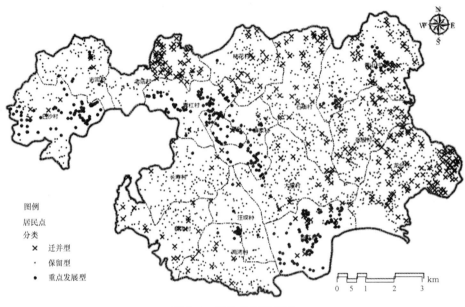

图 8-3 居民点评价结果

学校的生源都表现出进一步下降的趋势,将进一步加剧现有学校(尤其是本身规模较小的学校)在规模维持方面的难度。原有 12 所小学中的 7 所小学生源状况出现不同程度的减少,而仅有 3 所小学生源有明显增加。对于西南山区,受地形特征和现阶段农业生产条件的制约,乡村居住空间暂无条件实现完全的集中化,相对分散的特征仍将存在。近期情景下得出的结果说明,在西南山区乡村地区,通过居民点整理逐步从天然分散的居住模式向乡村社区化居住模式转型的过程中,部分发展相对滞后区域的公共服务设施配套将始终面临规模门槛的制约,并对公共服务设施的空间布局形成较大挑战。

但从长期看(图 8-4b),人口的集中有利于提升资源的利用效率。若随着人口的集中,对学校进行合理的迁移合并,势必能够解决学校维持规模的困境。如随着居住集中程度的不断提高,桥沟村小学(39 人)和红星关龙村小学(41 人)等原本规模极小的学校能够撤销。而青山村小学、思源小学和崇龛小学等原本具备一定规模的学校能够充分发挥作用。当然,公共服务设施不同于经济单位,其本身具有一定的特殊性。除了对效率的追求之外,还需关注其公平性(林万龙,2007b)。

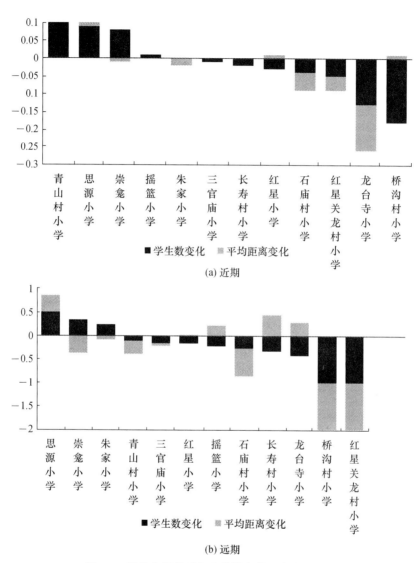

图 8-4 居民点调整后各小学服务范围变化百分比

四、人口动态下公共服务设施布局的"规模—可达性"权衡

情景Ⅲ的建构综合考虑了对人口减少与空间居民点整理两个因素。假设近期人口减少10%,居民点整理相对集中;远期人口减少30%,居民点整理高度集中。在此情况下,模拟各学校的平均距离与服务学生数量。结果显示(表8-4),尽管居民点整理对于部分小学的规模维持存在积极作用,但是在人口数量持续

减少的综合作用下,农村小学将持续受到来自规模维持的巨大压力。在此基础上,尽管通过空间优化能够在一定程度上改善设施的可达性。但是,由于人口减少,为了维持相应规模,小学的辐射范围不得不相应地扩大,这在一定程度上削弱了空间调整对于可达性的改善作用。

表 8-4 情景Ⅲ下各小学服务学生数与平均上学距离

学校名称	近期		远期	
	平均距离/m[变化占比/(%)]	服务学生数/人(减少人数)	平均距离/m[变化占比/(%)]	服务学生数/人(减少人数)
崇龛小学	1609(−1)	182(−5)	1033(−37)	175(−12)
三官庙小学	995(0)	78(−10)	949(−5)	51(−36)
石庙村小学	1383(−5)	119(−19)	594(−59)	71(−68)
青山村小学	1459(0)	116(−1)	1044(−28)	73(−44)
桥沟村小学	876(1)	29(−10)	0(−100)	0
朱家小学	874(−2)	41(−5)	822(−8)	40(−5)
红星关龙村小学	879(−4)	35(−6)	0(−100)	0
思源小学	865(1)	78(−2)	1154(35)	85(5)
摇篮小学	902(0)	70(−6)	1098(22)	42(−35)
龙台寺小学	1073(−13)	82(−22)	1595(29)	42(−62)
红星小学	2104(1)	186(−27)	2112(2)	126(−87)
长寿村小学	698(0)	57(−7)	1011(45)	30(−34)

注:平均距离括号中的变化百分比是情景Ⅲ与基准情景比较的结果。

根据前文提到的优化思路,结合情景Ⅲ分析结果对崇龛镇小学的空间布局进行优化。在远期情景下,崇龛小学、朱家小学、青山村小学的空间位置保持不变。摇篮小学在空间服务范围上与朱家小学有所重合,建议撤销,其原有教育资源与朱家小学合并。思源小学、桥沟村小学合并,迁入位于北部的居民点集合中,建立新思源小学。红星关龙村小学、长寿村小学与石庙村小学合并,建立新石庙村小学。龙台寺小学与三官庙小学合并,校址北迁,成立新三官庙小学。红星小学向西迁入白沙村。优化后的学校情况如表 8-5 所示。

进行空间优化后的崇龛镇小学在数量上减少至 7 所,在覆盖范围和空间结构上均更加稳定和合理。其中,新红星小学和崇龛小学由于服务范围依旧很广,且中间无缓冲小学,无法避免地平均上学距离略大于 1000 m,其余各个小学的平均上学距离均小于 1000 m。从距离变化率上看,新红星小学、新思源小学及新三官庙小学等三所空间位置进行调整之后的小学平均上学距离变化率大于

50%,优化效果显著。从学生数变化情况来看,除青山村小学略有减少以外,其余小学的服务学生数均有显著增加。由此可见,该优化结果兼顾了平均上学距离和服务学生数,较好地解决了"门槛—可达性"矛盾。

表 8-5　基于情景Ⅲ远期的小学空间调整结果

学校名称	平均上学距离/m	距离变化率/(%)	服务学生人数	学生人数变化率/(%)
新红星小学	949	−55	126	0
崇甪小学	1231	+19	217	+24
新石庙村小学	676	+14	94	+33
新思源小学	385	−66	143	+68
朱家小学	992	+21	117	+192
新三官庙小学	379	−60	81	+58
青山村小学	1024	−2	61	−16

注:表中距离和学生数变化率基于情景Ⅲ远期结果计算得出。

第五节　小　　结

　　乡村公共服务设施的空间布局问题及其优化是实现乡村公共服务均等化的重要前提之一。本章以人口总量与空间结构的动态变化为切入,首先强调了城市与乡村、城市近郊区的乡村与一般乡村地区之间在公共服务设施供需层面的差异。在此基础上,基于情景分析探讨了一般乡村地区人口持续减少与居民点整理对公共服务设施空间布局的影响,指出乡村公共服务设施布局的核心问题在于规模与可达性之间的权衡,即解决"门槛—可达性"这一核心矛盾。以此为理念,我们有理由认为片面追求资源配置效率最大化的设施迁并,实质上并非优化,而是为了以牺牲可达性为代价追求规模的提升。为此,在技术设计过程中提出可以通过居民点调整,实现对可达性的调整,先引导需求集中。在此基础上再进行公共服务设施的优化,能够满足对规模不足的改善。并以崇甪镇小学为例进行了具体的优化工作,评价了优化效果。

　　值得注意的是,尽管居民点整理与农村集中居住的方式能够在一定程度上缓解规模不足所导致的学校布局问题,然而居民点整理与农村集中居住并非绝佳的解决方案。主要原因在于城市是集聚的产物,而农村地区要实现集中居住则需要诸多前提,与经济发展水平、产业结构、文化风俗等方面紧密联系。因此,在使用这一方式时需要格外注意对其前提条件和方案的评估。此外,还值得注意的是公共服务设施与一般经济商品或服务不同,其不能一味追求效率而牺牲公平原则。这也意味着农村公共服务设施的空间调整,并不能单纯因为规模原因而进行迁并。

总体而言,农村公共服务设施空间布局的问题并非完全依靠空间调整的手段就能够解决。更多情况下,空间布局问题的产生源于供需结构失衡、供给方式不完善、制度设计缺陷等空间之外的层面。这也要求在公共服务设施空间布局的研究中,除了从空间几何的视角下寻求资源利用最大化的优化布局结构之外,还应当重视与这些"空间之外"的因素相结合,进而提升优化结果的可行性与可操作性。

参 考 文 献

陈伟东,张大维.(2007)中国城市社区公共服务设施配置现状与规划实施研究.人文地理,22(5):29—33.

孔云峰,李小建,张雪峰.(2008)农村中小学布局调整之空间可达性分析——以河南省巩义市初级中学为例.遥感学报,12(5):800—809.

李乐,张凤荣,张新花,等.(2011)农村公共服务设施空间布局优化研究.地域研究与开发.30(5):12—16.

李裕瑞,刘彦随,龙花楼.(2010)中国农村人口与农村居民点用地的时空变化.自然资源学报,25(10):1629—1638.

李志军,刘海燕,刘继生.(2010)中国农村基础设施建设投入不平衡性研究.地理科学,30(6):839—846.

林万龙.(2007a)中国农村公共服务供求的结构性失衡,表现及成因.管理世界,(9):62—68.

林万龙.(2007b)农村公共服务市场化供给中的效率与公平问题探讨.农业经济问题,(8):4—10

司林波,孟卫东.(2011)农村社区化进程中"被城市化"现象及对策分析.城市发展研究,18(4):35—39.

宋潇君,马晓冬,朱传耿,等.(2012)江苏省农村公共服务水平的区域差异分析.经济地理,32(12):133—139.

宋正娜,陈雯,张桂香,等.(2010)公共服务设施空间可达性及其度量方法.地理科学进展,29(10):1217—1224.

孙德芳,秦萧,沈山.(2013)城市公共服务设施配置研究进展与展望.现代城市研究,(3):90—97.

唐淑云.(2002)我国南方农村聚居区的调整与对策.农业现代化研究,23(1):34—37.

袁定明,熊晓梅,周长春.(2007)农村社区化建设的思考.农村经济,(9):45—46.

张京祥,陆枭麟.(2010)协奏还是变奏:对当前城乡统筹规划实践的检讨.国际城市规划,25(1):12—15.

朱华华,闫浩文,李玉龙.(2008)基于Voronoi图的公共服务设施布局优化方法.测绘科学,33(2):72—74.

第九章

村镇区域空间优化土地利用评估技术

第一节 引 言

村镇区域空间规划是村镇体系、居民点、产业和公共服务设施空间优化技术的集合体,规划目标全方位涵盖了农村生产生活的各项改善需求。规划是解决三农问题,改善农村生产生活条件,实现城乡统筹发展的有力手段;规划可通过对村镇区域内各类资源的优化配置和预先安排,实现农村经济社会的可持续繁荣发展。

在村镇区域空间规划的实施过程中,需要分阶段进行规划后评估工作。规划后评估工作的意义主要体现在两个方面:首先,村镇区域空间规划的实施是一个中长期的系统性工程。规划方案需要根据实施效果的反馈以及规划对象的自然和社会条件变化进行动态修订,从而满足规划对象与时俱进的需求。在规划实施一段时间后,对规划效果以及规划区域在经济、社会和环境领域所受的广泛影响进行评估,将为规划修编乃至后期实施方案的制定提供宝贵的基础资料。其次,为保证村镇区域空间规划的顺利和完整实施,也需要对规划方案的执行情况进行有效评估和监督,从而为方案的实施施加动力与压力。

在规划效果评估和进度执行评价两大目标的指导下,村镇区域空间规划的后评估的重点应集中在三个方面:首先是规划实施的效果,包括规划目标是否实现以及方案对规划区域经济社会等方面产生的目标之外的更深远影响,这是后评估的首要需求;其次是公众对规划效果的反馈,包括对规划目标的认可度,规划方案实施中对民众的影响等;再次是规划方案的有效性,包括规划方案中提出的各类措施是否顺利实施,产生的效果是否与预期一致,此类分析结果将为后期

第九章 村镇区域空间优化土地利用评估技术

规划的制定和动态调整提供参考。

本章将结合规划后评估的目标与重点,介绍适用于村镇区域空间规划后评估的方法。该方法立足于土地利用综合效益,主要用于反映规划的"经济—社会—环境"综合效益。

第二节 基于土地利用综合效益的优化后评估

一、基于土地利用的三维框架

村镇区域空间规划的核心是通过统筹村镇体系优化、产业结构提升、居民点布局调整、公共服务设施布局优化的一揽子解决方案,实现农业现代化、农村社区化、设施均等化、土地集约化的目标,全面改善村镇区域生产生活条件。上述目标决定了村镇区域空间规划后评估的主体内容,包括村镇区域发展、经济增长、生活水平提高和土地集约利用程度提升。同时,规划目标的实现还产生了更广泛的影响,包括社会保障功能提升、可持续发展潜力提升等。上述具体的规划效果可以对应归类到经济效益、社会效益和环境效益三个方面中。据此,本章使用"经济—社会—环境"三维度框架来概括上述效果,其中经济维度代表区域发展水平和经济效率,社会维度代表社会保障、生活水平和集约效益,环境维度代表可持续发展潜力。这一框架也是前人研究中达成广泛共识的成果。

土地是村镇经济和社会活动的载体,也是区域中生态系统服务的主要供给者。三维框架中内涵丰富的规划效果都可以在土地利用中得到体现。基于土地的这一特性,土地利用综合效益就成为进行规划后评估的良好切入点。土地的产出效益代表了经济发展水平,土地利用的集约程度代表了居民点的布局情况以及经济活动的效率,土地开发利用的条件代表了公共服务设施的建设情况,土地利用方式及覆被结构代表了区域可持续发展的潜力和人地关系的协调性。通过对村镇土地的经济—社会—生态效益进行综合评估,可以全面反映规划对村镇区域经济发展、社会民生和生态环境的影响。

二、三维框架的应用:开放性原则

村镇区域空间规划是严格围绕规划对象自身特性制定的专属性方案,规划效果反映在土地利用上则表现为高度因地制宜的特点。因此,基于土地利用进行的规划后评估也不应拘泥于某一特定方法,而应该结合规划对象的实际情况选择适宜的指标体系与方法。根据土地经济学的定义,土地利用效益是指"土地利用后给人类带来的经济效益、生态效益和社会效益,它反映了人类利用土地目标实现的程度"(毕宝德,2005)。从定义可见,土地利用的方式很多、范围很广,土地利用效益的内涵也十分丰富。相应地,当使用"经济—社会—环境"三维框架进行规划后评估时,应以开放性为原则,即各类由人类对土地进行利用产生的效果都可以进入评价体系,其筛选标准为是否能满足规划后评估的目标。根据不同的村镇区域空间规划方案与目标,结合评价区域土地利用的特点确定土地利用综合效益评价方法,才能够准确刻划评价对象的土地效益变化及规划效果。

当然,以开放性为原则的"经济—社会—环境"三维体系在应用于具体的规划后评估活动时,也应在特定的概念与理论指导之下。下面,本节将通过对土地利用类型等相关概念和土地评价的目的、原则的探讨为评价方法的实践操作提供理论支撑。

(一)评价目标与原则

将土地利用综合效益评价应用于规划后评估的目标是:对比规划方案中提出的土地利用方式与评价对象的现状利用方式,从而得到规划方案对土地利用综合效益的提升程度,并将之与实现规划方案的过程中对土地利用方式变动投入的成本进行对比,最终对规划方案的预期效果进行评估。

在这一评价目标的指导下,应用于规划后评估的土地利用评价应遵循以下原则:

(1)因地制宜地进行指标选择,能够反映规划目标和评价对象的实际情况。

(2)在经济效益和社会效益的评价中纳入成本分析,全面反映规划方案实施后带来的收益与成本。

(3)考虑土地利用方式的可持续性及其对区域内生态环境的长远影响。

(4)依据评价对象的空间尺度,将评价建立在宏观的区域自然和社会背景下。

(二)评价步骤

在实际应用中,建议首先从土地利用类型的定义出发,结合评价目标,对评价对象的用地类型进行划分或采用国家颁布的《土地利用现状分类》标准。然后,依据土地利用效益的定义确定土地利用综合效益评价的方向,即将经济效益、生态效益和社会效益具体化为符合评价对象实际情况的评价内容。如经济效益可以根据规划要求和调研情况细化为:提高农田生产潜力、提高农业产值、增加工业用地集约度、增加工业用地规模效益等;接下来则根据数据可得性制定土地利用综合效益评价体系的二级指标;最后,依据土地评价的目的与原则选取评价方法。

最后需要强调的是,基于土地利用综合效益的规划后评估的关注点在于规划前后相对效益的比较,而非某一种土地利用方式的绝对效益评价。因此,评价的结果仅适用于反映同一对象的差异,而不同对象之间的评价结果则缺乏可比性。当然,这一方法也可以用于同一规划区域内各子区域的规划效果比较,此时要求子区域土地具有类似的投入产出条件。在这种条件下，不同对象之间的评价结果可以对比，用以说明不同子区域的规划方案执行情况或规划效果差异。

三、基础性方法：指标与评估手段

上文概述了开放性原则下基于"经济—社会—环境"三维框架进行规划后评估的总体思路，下面将介绍在这一开放性框架中可以使用的具体评价指标与评估手段。评价指标可以分为两类：一类是反映土地利用方式改变的指标，多用于经济维度和环境维度的规划后评估，如耕地面积占比；另一类是反映土地利用强度变化的指标，多用于经济维度和社会维度的规划后评估，如地均农业产出。在实践中可以根据规划目标侧重土地利用结构调整还是土地利用集约度提升加以选择。为了方便土地利用综合效益评价在规划后评估中的实践，下面结合国内土地评价的已有研究成果介绍几类常见评价内容指标进行，并讨论常用的评价方法，以供选择。

（一）经济效益指标

村镇区域空间规划在经济效益方面的规划目标主要有以下类型：① 通过对农用地和农田设施的整治提高对农田进行投入和管理的便捷程度；② 调整农用地使用结构，通过农业种植结构调整增加农业产值；③ 通过村镇区域产业规划对规划区域内一、二、三产产业结构进行重构，提高农民收入（渠晓莉等，2010；王珊等，2013；唐欣等，2013；张汉庆等，2013；朱帅蒙等，2014）。当然，随规划目标的不同也可能产生其他规划目标。

根据上述规划目标，常用的规划后评估指标有：

（1）衡量农田生产潜力及质量的指标。如农田单位面积产值、耕地质量等级、中低产耕地占比、机耕地面积、有效灌溉面积、旱涝灾控制面积、土壤有机质含量、盐碱地面积。

（2）衡量农业总产出的指标。如农业总产值、特定种类农产品产值。

（3）衡量生产成本的指标。如田间道和生产路总长度、道路网密度、沟渠长度、沟渠密度、土地耕作效率。

（4）衡量农民收入的指标。如农民年纯收入、农业劳动生产率。

（5）衡量实施规划方案效益的指标。如投资回报率、投资回收期。

上述指标可以根据评价目标的差异进行选择，其中衡量实施效益的指标建议作为必选项，以综合考虑实施规划方案的成本与收益。无论是农田整治还是在农业生产中，当投入达到一定程度后都会面临边际收益递减的问题。将效益指标作为必选项纳入指标体系，正是为了防止片面追求规划效果的提升带来的过度投入问题。

当评价目标涉及规划区内各子区域之间的对比时,建议采用比率而非绝对值作为指标,以保证样本之间的可比性,例如"机耕地面积"这一指标应变化为"机耕地占农田总面积比例""农业总产值"变化为"人均(或地均)农业产值"。如果评价目标仅涉及同一规划对象的比较,如规划前后状况或不同规划方案之间的比较,则指标的选择更为灵活。社会效益和生态效益的指标也同样适用于这一原则。

(二)社会效益指标

村镇区域空间规划在社会效益方面的规划目标比较广泛,规划造成的社会效果和政治影响都可以包括在此范畴内,其中常见的目标包括:① 通过农田整治和复垦增加和保障基本农田面积,进而保障粮食安全;② 通过农村居民点迁并提高农民生活水平,增加基础设施规模经济效益,实现居住用地集约利用并为城镇建设用地提供空间;③ 巩固村镇产业和农业对农民的就业吸纳和社会保障功能(陈亚婷等,2010;乔陆印等,2010;林伟丽,周兴,2010;刘斌,2014)。

常用的社会效益评价指标包括:

(1)衡量农田数量及粮食安全的指标。如耕地总面积、高标准基本农田面积、粮食自给率、复种指数、撂荒面积、土地垦殖率。

(2)衡量农民就业及社会保障的指标。如耕地可供养人数、社会保障价值、农民就业率、单位面积人口承载力、地均人口负荷。

(3)衡量农民生活水平的指标。如农村道路总长度、自然村到集镇的距离、自然村到医疗点的距离、自然村到小学(或中学)的距离。

(4)衡量集约性的指标。如单位建设用地非农产业经济收入、零散居民点个数、闲置宅基地面积比率、人均居民点用地面积、居民点分散度、居住建设密度、单位面积家庭户数、单位面积农村固定资产投资。

规划目标也是社会效益指标的选择依据,如果规划中包括基础设施和公共设施规划,则应包括生活水平指标;如果规划中包括居民点迁并规划,则应包括集约性指标。特别需要强调的是,"农田数量和粮食安全指标"需要与经济效益指标中的相关指标区分开。前者强调的是对基本农田数量和质量的保护,后者强调的是耕地的投入—产出效率。在前者的情景下,农用地或许并非土地的各利用方式中经济效益最高的类型,但是为了保障粮食安全的社会效益仍然需要坚持其利用方式;而后者则强调农业用地的经济效益。这一差别可以作为甄别一个相关指标应如何归类的依据。

(三)生态效益指标

村镇区域空间规划在生态效益方面的目标较为集中,可以概括为以下几类:① 通过对村镇区域耕作方式、养殖方式等农业生产方式的改善减少农业水源污染、土壤污染;② 通过退耕还林还草还湖等项目,增加植被覆盖率和水域面积,改善区域环境;③ 通过将人类活动限定在适宜范围内,并开展生态修复工程弥补农村生产生活对环境的负面影响(王珊等,2013;唐欣等,2013)。

常用的生态效益指标包括:

(1) 衡量土地利用可持续性的指标。如农业化学需氧量、氨氮排放、化肥用量、化学农药用量、污染治理率。

(2) 衡量能源利用效率及碳排放的指标。如农业二氧化碳排放量、可再生能源使用率、生物能利用率。

(3) 衡量区域景观的指标。如景观多元化指数、绿色植物覆盖率、生物丰度指数。

(4) 衡量区域环境质量的指标。如地均生态系统服务价值、水土流失治理率。

(四) 评价方法

基于土地利用综合效益的规划后评估中需要用到的评价方法可以按照其功能分为两大类:一类是直接给出评估结果的方法,往往以抽象的分数表征规划效果;另一类是计算指标权重的方法,其计算结果可以用于服务于第一类方法,即通过各指标得分的加权求和得到最终的评价分数,也可以直接计算得到最终的评价结果。当然,第一类评估方法在一些情况下也无需用到权重计算方法即可得到评价结果。总之,这两类方法既可以单独分别使用,也可以结合使用。如何选择需视方法能够满足评价目标的需求而定。下面将分别介绍这两类方法,并讨论不同方法对各类评价目标的适用性。因为每一种方法都有大量论文进行讨论,因此这里不再详细介绍具体算法以及无量纲化等对数据的处理,而将重点聚焦在评价思想的讨论上。

第一类直接得到评价结果的规划后评估方法,其基本思想是找到一种方法,用以刻画每一个样本与最优样本之间的距离,从而以该距离表征每一个样本的优劣;距离越大,样本的土地利用综合效益越低,规划效果越差,反之则越优。这类方法包括:

1. 灰色关联分析与灰色关联投影法

灰色关联投影法是灰色关联分析的进阶方法,两种方法均以每一个指标所对应的所有样本的取值的最大值为最优解。设评价涉及的指标数量为 k 个,样本数量为 n 个,x_{ij} 表示第 i 个样本的第 k 项指标的取值,$X_i = [x_{i1}, x_{i2}, \cdots, x_{ik}]^T$ 为第 i 个样本,$X_0 = [x_{01}, x_{02}, \cdots, x_{0k}]^T$ 为最优解,则

$$x_{0j} = \max(x_{1j}, x_{2j}, \cdots, x_{nj}),$$

其中 $j = 1, 2, \cdots, k$。灰色关联法对样本 X_i 的评价方法是将其每一个指标的取

值 x_{ij} 与最优解的对应指标取值求差,然后求取差的平均值作为该样本与最优解的差距。

灰色关联投影法的最优解选择与灰色关联法相同,不同的是该方法以每一个样本的指标值向量在最优解上的投影作为评价依据,即计算样本向量的模乘以样本与最优解之间夹角的余弦值。这一评价方法的实质是计算样本与最优解在每一个指标的取值之间的差,并对其加权求和成为评价结果。这一方法因为引入了加权步骤,能够按照评价需求凸显不同指标的重要性差异,同时其投影的思想更有数学含义,因此比灰色关联分析更优。

2. 模糊物元分析

这一方法的最优解选择与灰色关联分析一致,所谓的"模糊"是指该方法的两个特征:一是最优解是由各方案的最佳取值组成的"标准方案的模糊物元";二是"计算各方案评价指标与标准方案指标之间差的平方值 Δ_{ij},得到差的平方复合模糊物元",即

$$\Delta_{ij} = (x_{ij} - x_{oj})^2。$$

模糊物元分析的评价方法是对 Δ_{ij} 进行加权处理,权重的选取方法则各异。

这一方法的评价思路与灰色关联分析、灰色关联投影法同属系统科学的研究方法,因此其评价思路完全一致,主要的差异在于表征样本与最优解的差异上。

3. TOPSIS 方法

此方法的最优解选择与上述三种方法一致,不同之处在于构建了最差解。最差解的每一个指标取值均为所有样本中该指标取值的最差值(如果该指标为正向指标,则为最小值;如果为负向指标则相反)。TOPSIS 方法通过计算每一个样本距离最优解和最差解的距离,并利用这两个距离构造出评价指标来表征样本的评价结果。样本距离最优解越近,距离最差解越远,则评价结果越好。

TOPSIS 方法虽然引入了样本到最差解的距离,通过样本距离最优解和最差解的两个距离的比较进行评价,但是其评价思想仍然与上述三种方法一致,评价效果也没有显著改善。这些评价方法的主要问题是:选择最优解的方式是否合适。也就是说,每一个指标的取值越大是否越好。由于土地利用强度达到一定程度后,土地的投入与产出关系中存在边际收益递减问题,因此每一个指标的最大取值并不一定代表该指标的最优取值。更重要的是,土地利用是一个不同利益主体相互博弈和平衡的过程,经济—社会—生态效益之间也需要进行协调。因此,每一个指标都尽量取最大值的解并不一定代表最优的协调结果。基于这一缺点,上述四种方法在土地利用综合效益评价中的有效性都不容乐观。

4. 数据包络分析方法(DEA)

DEA 分析是应用于多投入多产出的效益评价的一种方法,这一特性与土地利用的一般特点十分吻合,能够适应村镇区域空间规划多目标统筹的要求。这一方法的评价思路也是通过计算样本与最优解之间的距离表征样本的评价结果,其特点在于最优解的确定方式较为合理。DEA 方法认为对于具有同样投入产出目标的样本而言,可以通过其数据求取效率最高的投入值与产出值作为生产前沿面。通过计算样本与生产前沿面的差异,可以识别样本的效率水平并将其作为评价结果。

这类评价方法较前面四种方法更为合理,尤其是最优解的确定过程能够识别样本所在区域的最优土地利用结构,这一特点很适合强调因地制宜进行评估的规划后评估。通过将规划实施前后的土地利用与最优解进行对比,就可以识别规划效果。当然,DEA 分析也有弱点,这一方法对指标数量和样本数量有相对要求,如果指标数量较多而样本数较少则无法使用这一方法。这一弱点限制了该方法在规划对象或二级对象较少的情况下的使用,否则需要牺牲部分评价指标。

第二类直接得到评价结果的规划后评估方法不涉及最优解的选择,包括对数平均权重分解法和物元评价模型两种。对数平均权重分解法主要用于处理时间序列数据,识别评价对象在每一期与基期相比的变化情况。物元评价模型与模糊物元分析同属物元分析,虽然评价方法类似但评价思路不同。物元评价是通过建立不同的评价等级并将样本与每一等级的取值范围比较来得到评价结果。

5. 对数平均权重分解法(LMDI 模型)

LMDI 模型的评价思路是将综合效益表达为各分效益的乘积,然后通过计算每一个分效益的变动量表达总效益的变动量。模型中对变动量计算的公式较为复杂,涉及取对数等运算,其评价思想可以简化表述为通过商而非差来表示变动量。模型主要应用于评价对象的时序数据可得的情况,能够识别每一期与基期相比的变化量以及每一期与上一期相比的变化量。LMDI 模型也能够应用于截面数据的多样本评价中,在这种情况下需要选择一个样本作为对比标准,将其他样本与这一标准样本进行对比来说明每一样本的相对水平。

LMDI 方法对评价对象的样本量没有要求,并且表达的是评价对象的时序变化,因此很适合应用于评价对象只有一个或数量较少的规划后评估实践中,用以表达规划实施前后的土地利用综合效益变化。当然,LMDI 方法也有一个缺点,当评价期某一指标比基期有所降低时,评价结果将为负。由于是以乘积方式表达总效益的变化量,因此当评价对象的某些指标进步显著而另一些指标有所退步时,评价结果将成为绝对值较大的负数。反而当评价对象的某些指标进步较小而另一些指标亦有所退步时,评价结果会成为绝对值较小的负数。由此造成的结果是模糊评价对象在不同指标上的表现情况。

6. 物元评价模型

物元评价模型与模糊物元分析的评价方法相似,都是通过计算样本与某一标准的关联度来反映样本的评价结果。二者的差异在于,模糊物元分析选择的标准是最优解,而物元评价模型选择的标准是指定的几个评价等级,每个等级的每一指标均对应一定的取值范围。物元评价模型计算每一个样本每个指标的取值与不同等级的指标取值范围的关联度(包括取值是否在某一等级的取值范围内以及取值与其他等级的取值范围有多大差距),从而判断出每一个指标的取值的水平(属于哪一等级),最后通过加权计算每一个样本的综合关联度得到对样本水平的评价结果。

物元评价模型对评价样本的数量同样没有要求,也适合于对比规划前后效果的规划后评估。这一方法在应用中的关键步骤在于评价等级的确定,可以参考相关规范和理论研究结果以及规划前期调研和规划预期目标加以制定。如果评价等级确定合理,这一方法将优于依靠最优解做判断的各类评价方法。当然,并不一定优于DEA分析法,需视实际情况而定。如果物元评价模型的评价等级能够由经验丰富的专家结合规划区域的实际需求进行,则其合理性将超越机械地由样本表现推断最优投入产出关系的DEA方法。

规划后评估中确定指标权重的方法可以直接应用在经过量纲归一化处理的样本数据中得到评价结果,也可以与上述评价方法综合使用。指标权重的确定方法可以分为主观法与客观法两大类,主观法主要依靠专家的判断,客观法则主要依靠数据自身展现的特性。

(1) 主观方法:德尔菲法与层次分析法

德尔菲法是邀请专家针对不同指标的重要性进行打分,综合多位专家的打分结果确定权重的方法。层次分析法(AHP)的思路与德尔菲法一致,都是通过人为判断决定指标的取值。不同之处在于,层次分析法为专家决策提供了一个框架,专家每次只需比较两个指标的相对重要性即可。这一方法通过对思考过程的简化提高了结果的准确性。最终,专家的打分结果还需要通过一致性检验,再次保证了结果的科学性。从这一角度看,层次分析法优于同为主观法的德尔菲法。

主观权重确定法同样不要求评价对象具有较大的样本量,这是其主要优点。但是,此类方法的准确性完全依赖所邀请专家的专业判断,主观成分较多,容易受到挑战与质疑。此外,层次分析法也存在指标数量较多时运算量较大的问题,当一致性检验没有通过时也面临无法确定需要修改哪一组指标相对重要性的窘境。

（2）客观方法：变异系数法，均方差决策法与熵权法

变异系数法是将每一个指标的标准差与平均值的商作为该指标权重的方法。均方差决策法与此基本一致，是直接将每一个指标的方差作为权重。熵权法的计算过程较为复杂，但是其核心思想仍是以每一个指标所对应的样本取值的差异作为权重大小的表征，即样本之间的差异较大的指标所占权重也较大。

此类权重计算方法的重点在于突出样本之间的差异，便于得到最后的排序结果。但是用这些方法确定的权重并不一定能够反映不同指标的相对重要程度。是否采用这类评价方法取决于对规划后评估中各指标地位的认识。如果认为经济、社会、生态效益的各指标重要程度相仿，则可以采用这一方法。如果认为某一类指标比较重要，或者规划重点解决的是某一方面的问题，希望可以重点反映该方面的变化情况，则适宜采用主观权重确定法。

第三节　优化后评估技术案例分析

为了说明基于土地利用综合效益的规划后评估技术在实践中的应用，下面以重庆市崇龛镇为案例进行分析。崇龛镇镇域空间规划的主体内容是居民点优化和村镇产业优化。居民点布局优化的目的：一是形成合理的居民点等级结构体系，为基础设施及公共设施的配置和完善提供条件，最终达到提高农村居民生活质量的目的；二是通过居民点的迁并整理，达到节约集约利用土地的目标，实现适度集中居住，缓解农村居民点用地普遍存在的闲置浪费问题。村镇产业结构优化的目的是通过产业结构调整，实现产业可持续发展及土地利用效益的提高。

一、规划区域基本情况

崇龛镇隶属于重庆市潼南县，位于重庆市西北部地区，距离潼南县城 28 km，距离重庆市 140 km。崇龛镇地形以浅丘平坝为主，海拔范围是 300～450 m，地质构造属四川盆地中部平缓褶皱区。崇龛镇气候特点为亚热带湿润季风气候，四季分明，年降雨量为 990 mm，年均气温 17.9℃，年平均日照时数为 1228.4 h，年平均无霜期 359.5 d。

崇龛镇下辖 16 个行政村和 1 个社区居委会。2012 年，崇龛镇地区生产总值为 8.1 亿元，农民人均纯收入达 7900 元，城镇居民可支配收入达 14 800 元。镇域面积 85.92 km^2，主要用地类型为农用地，面积达 74.55 km^2，占镇总面积的

86.76%。农用地以耕地为主,耕地面积为 63.50 km²,占镇总面积的 73.91%。崇龛镇建设用地面积为 9.90 km²,占镇总面积的 11.52%;其中建制镇用地 0.16 km²,村庄用地 7.94 km²,分别占镇总面积的 0.18% 和 9.24%。未利用地面积为 1.47 km²,占镇总面积的 1.71%。

崇龛镇镇域面积 85.92 km²。其中农用地是主要用地类型,面积达 74.55 km²,占镇总面积的 86.76%;农用地以耕地为主,耕地面积为 63.50 km²,占镇总面积的 73.91%;园地面积为 1.1 km²,占镇总面积的 1.10%;林地面积为 8.55 km²,占镇总面积的 9.96%;草地面积为 0.34 km²,占镇总面积的 0.39%;其他类型的农用地面积总计 1.05 km²,占镇总面积 1.22%。崇龛镇的建设用地面积为 9.90 km²,占镇总面积的 11.52%;其中建制镇用地 0.16 km²,村庄用地 7.94 km²,分别占镇总面积的 0.18% 和 9.24%。未利用地面积为 1.47 km²,占镇总面积的 1.71%(表 9-1)。

表 9-1 崇龛镇土地利用结构

三大类	一级类	二级类	土地面积/km²	面积占比/(%)
农用地	耕地	水田	26.63	31.00
		旱地	36.87	42.91
	园地	果园	1.10	1.28
		其他园地	0.00	0.00
	林地	灌木林地	0.00	0.01
		其他林地	2.48	2.88
		有林地	6.07	7.07
	草地	其他草地	0.34	0.39
	设施农用地		0.10	0.12
	坑塘水面		0.95	1.10
建设用地	村庄		7.94	9.24
	采矿用地		0.05	0.06
	建制镇		0.16	0.18
	水工建筑用地		0.02	0.03
	内陆滩涂		0.03	0.03
	水库水面		1.65	1.92
	风景名胜及特殊用地		0.06	0.07
未利用地	河流水面		0.99	1.15
	裸地		0.48	0.56
合 计			85.92	100.00

注:数据来源于 2011 年土地利用现状调查,分类标准为《土地利用现状分类(GB/T 21010—2007)》。

第九章　村镇区域空间优化土地利用评估技术

崇凳镇建设用地占镇域总面积仅 11.52%，其中村庄和建制镇的居民点建设用地是主要的用地类型，这两类用地的面积为 7.78 m²，占全镇建设用地面积的 78.57%。按照 2012 年崇凳镇户籍人口为 50 000，人均居住用地面积为 155.50 m²，远高于国家规定的平均水平 120 m²/人。因此，崇凳镇的居民点用地集约程度还有很大的提高空间。

农用地是崇凳镇土地利用结构中占比最高的用地类型，其中耕地是农用地的主要类型，耕地占全镇总面积的 73.91%。按照 2012 年崇凳镇户籍人口中农业人口数量为 46 993 人计算，人均耕地面积为 1351.35 m²，约合 2.03 亩，明显高于全国平均水平的 1.38 亩以及重庆市人均耕地面积 1 亩。可见崇凳镇耕地资源相对较为丰富，农业发展条件优良。参考崇凳镇以第一产业为主的经济结构，近期的产业发展主要从优化第一产业结构、发展现代农业及立体农业等方面着手进行。落实在土地利用优化方面，一方面是要通过优化种植业结构、合理配置林牧渔等副业，实现地均产值及产量的提升；另一方面是要积极对居民点整理后迁并型居民点遗留的用地进行复垦，增加耕地面积。

二、规划效果评估

崇凳镇的规划方案在本书前面的章节已经有所介绍，这里不再赘述。唯一需要特别说明的是居民点优化布局后节约出的土地利用方式的更改原则。这部分土地的用途主要有两种：土地条件较好、有整治和复垦价值的土地应恢复为农用地；土地条件较差、恢复成为农用地存在生态安全隐患的应实行退耕还林还草，恢复其生态功能。根据政策规定，在山区和丘陵地区退耕还林地的标准是水土流失严重、粮食产量低而不稳、坡度在 6°以上、农民已经承包或延包的坡耕地。由于重庆市地形以山地和丘陵为主，中低山地占全市面积的 63.31%。因此重庆市结合本市土地坡度普遍较大的实际情况，将退耕还林标准定为坡度大于 25°的土地。按照上述政策规定，本研究按照因地制宜原则，将迁并型居民点中坡度大于 25°的居住用地划分为退耕还林还草的生态用地，并计算其生态效益；坡度小于 25°的居住用地划分为复垦用地，计算其产业效益。国家政策同时强调，退耕还林的规模标准是只要具备条件、农民自愿，应扩大退耕还林规模，能退多少退多少。因此，本文将符合退耕还林条件的居住用地全部划分为生态用地。

基于数据可得性构建的崇凳镇土地利用综合效益评价指标体系由"经济—社会—生态"三个维度构成（表 9-2）。

表 9-2　村镇土地综合利用效益评价指标体系

目标层	准则层	指标层	极　性
村镇土地综合利用效益	经济效益指数	人均经济收入	+
		地均经济收入	+
		劳均产粮	+
		农业多样化指数	+
	社会效益指数	劳均耕地面积	+
		地均人口负荷	−
		社会保障价值	+
		村镇人均建设用地面积	−
		单位建设用地非农产业经济收入	+
		单位面积非建设用地第一产业经济收入	+
	生态效益指数	绿色植物覆盖率	+
		生物丰度指数	+
		地均生态系统服务价值	+
		景观多元化指数	+

经济效益指数衡量土地作为生产要素投入第一产业的生产活动中所产出的效益，也是农村地区经济发展水平的体现，这一指数由 4 个指标构成。人均经济收入和地均经济收入两个指标反映第一产业和二、三产业总体的产出水平，体现规划中产业结构调整对农村经济发展水平的改善。劳均产粮和第一产业多样化指数体现了本文所选典型乡镇以第一产业为主的产业结构特点，反映规划对第一产业结构优化的效果。第一产业多样化指数以赫芬达尔系数计算。

社会效益指数衡量土地作为社会保障要素的效益以及土地集约利用的效益。目前，中国农村地区的社会保障制度尚待完善，土地作为农户的主要生产资料在很大程度上承担了社会保障功能。社会保障效益由 3 个指标构成，包括劳均耕地面积、地均人口负荷和社会保障价值。其中劳均耕地面积为单位就业人口平均拥有的耕地面积，地均人口负荷为单位面积耕地供养的人口。社会保障价值的计算参考了付光辉等（2007）的计算方法，根据乡镇所在地级市的养老保险费率计算耕地所能够供养的人口的养老金总额作为社会保障价值。集约效益指数衡量土地利用效率，由 3 个指标构成。农村人均建设用地面积衡量农村居民点用地的节约集约利用情况，单位建设用地非农产业经济收入、单位面积非建设用地第一产业经济收入等两个指标衡量农用地及产业用地的效率。

生态效益指数衡量土地作为生态系统服务提供者的效益，由绿色植物覆盖率、生物丰度指数、地均生态系统服务价值、景观多元化指数等 4 个指标构成。其中绿色植物覆盖率为农用地、草地、林地总面积占土地总面积的比重；生物丰度指数的计算方法为生物丰度指数＝[(0.35×林地面积＋0.28×水域面积＋0.21×牧草地面积＋0.11×耕地面积＋0.04×建设用地面积＋0.01×其他土地面积)/项目区总面积]×100%(乔陆印等，2010)。景观多元化指数的计算方法为

$$GM = 1 - \sum x_i^2 / (\sum x_i)^2,$$

其中，x_i 为第 i 类土地利用类型的面积(张健等，2010)。

生态系统服务价值的计算参考相关研究中广为采纳的谢高地等学者(2008)提出的生态系统功能基准单价，并依据崇龛镇的具体情况对农田自然粮食产量的经济价值做如下调整(苏飞，张平宇，2009)：以崇龛镇的粮食作物产值和常用耕地面积计算得到崇龛镇单位面积农田提供的生产服务经济价值，再根据谢高地等学者提出的结果，将没有人力投入的自然生态系统提供的服务的经济价值折算为农田的 1/7，得到崇龛镇农田自然粮食产量的经济价值为 1934.484 元/(hm^2·年)。据此计算得到各类用地的各项生态系统服务价值如下(表 9-3)。

表 9-3　崇龛镇各生态系统类型单位面积生态价值系数

一级类型	二级类型	生态价值系数/[元/(hm^2·年)]					
		森林	草地	农田	湿地	河流/湖泊	荒漠
供给服务	食物生产	638.38	831.83	1934.48	696.41	1025.28	38.69
	原材料生产	5764.76	696.41	754.45	464.28	677.07	77.38
调节服务	气体调节	8356.97	2901.73	1392.83	4662.11	986.59	116.07
	气候调节	7873.35	3017.80	1876.45	26 212.26	3985.04	251.48
	水文调节	7912.04	2940.42	1489.55	25 999.46	36 310.26	135.41
	废物处理	3327.31	2553.52	2688.93	27 856.57	28 727.09	502.97
	保持土壤	7776.63	4333.24	2843.69	3849.62	793.14	328.86
支持服务	维持生物多样性	8724.52	3617.49	1973.17	7138.25	6635.28	773.79
文化服务	提供美学景观	4023.73	1683.00	328.86	9072.73	8589.11	464.28
合　计		54 397.69	22 575.43	15 282.42	105 951.69	87 728.85	2688.93

土地利用综合效益评价中所使用的经济和社会统计数据来源于潼南县崇龛镇级 2012 年及 2011 年全面农业统计报表，土地利用数据来源于 2011 年土地利用现状调查数据及 2010 年第二次全国土地调查结果。考虑到土地利用活动周期性较长，故将土地利用数据滞后于经济社会数据一年。

在前文构建的"经济—社会—生态"三维评价指标体系中，经济效益、社会效益和生态效益都是农村土地功能的必要组成部分，是新时期农村居民点整治和

土地整理的必然要求,三个维度的地位同等重要,均需要规划者给予同等重视并在规划中对不同效益进行平衡与协调。因此,本文放弃已有研究中多见的主观赋权方法(如根据指标重要性赋予权重的层次分析法和德尔菲法),而采用熵值法赋权。使用熵权法得到的指标权重如表9-4所示。

表9-4 土地利用综合效益评价指标权重

指　　标	权　　重
人均经济收入	0.07
地均经济收入	0.07
劳均产粮	0.09
农业多样化指数	0.04
劳均耕地面积	0.07
社会保障价值	0.05
地均人口负荷	0.04
农村人均建设用地面积	0.06
单位建设用地非农产业经济收入	0.11
单位非建设用地第一产业经济收入	0.03
绿色植物覆盖率	0.09
生物丰度指数	0.12
地均生态系统服务价值	0.11
景观多元化指数	0.06

评价结果显示(表9-5),村镇区域空间规划对崇龛镇土地利用的综合效益有显著提高作用,综合效益得分从0.55分上升至0.79分,提升43.64%。生态效益的提升对综合效益的提升贡献最大,其得分由0.18提升至0.32,上升43.75%;其次为经济效益的贡献,得分增加0.09分,上升75%;最后为社会效益,得分由0.25微弱上升至0.27。

表9-5 崇龛镇规划效果

指　　标	规划前	规划后
人均经济收入	0.06	0.07
地均经济收入	0.06	0.07
劳均产粮	0.00	0.03
农业多样化指数	0.00	0.04
经济效益指数	**0.12**	**0.21**
劳均耕地面积	0.00	0.07

第九章　村镇区域空间优化土地利用评估技术

(续表)

指　　标	规划前	规划后
社会保障价值	0.05	0.05
地均人口负荷	0.04	0.00
农村人均建设用地面积	0.03	0.00
单位建设用地非农产业经济收入	0.09	0.11
单位非建设用地第一产业经济收入	0.03	0.03
社会效益指数	**0.25**	**0.27**
绿色植物覆盖率	0.04	0.09
生物丰度指数	0.06	0.12
地均生态系统服务价值	0.05	0.11
景观多元化指数	0.04	0.00
生态效益指数	**0.18**	**0.32**
综合评价结果	**0.55**	**0.79**

这一评价结果表明,生态效益的提升是本次村镇区域空间规划的主要效果。规划区域所在的四川省山地丘陵区水力侵蚀严重,生态环境脆弱,高强度的土地利用方式极易造成植被覆盖率降低、生态环境退化等问题。然而,由于四川省普遍面临耕地资源短缺的困境,人均耕地面积不到全国平均水平的一半。相对紧缺的耕地资源压力对退耕还林、退耕还草等生态恢复项目的实施造成了压力。另外,规划前期调研也发现,安土重迁的乡土观念和城市生活成本高等限制条件使得本镇居民普遍将打工收入投入农村居住用房的建设中,在农村居住用地监管不严的情况下,各村普遍存在居民点用地粗犷的问题。本次规划通过挖掘居民点用地潜力为崇龛镇提供了大量生态用地及农用地资源,从而为生态绿地的恢复提供了条件。因此,生态效益的提升成为本次规划最显著的效果。

本次规划对经济效益的提升主要通过产业结构调整实现。规划调整了崇龛镇较为离散的产业结构,通过将第一产业结构集中在粮食和蔬菜种植业以及养殖业提高了经济效益。进行产业结构优化后,耕地中不同作物的面积变化分别为:粮食作物面积增加25.16%,经济作物面积减少50.46%,蔬菜等其他作物面积增加14.40%。经过上述种植结构调整后,耕地地均产出由优化前的4909.80元/亩提升至优化后的5329.57元/亩,土地集约利用程度提高9%。优化后,其他第一产业行业的收入变化为:畜牧业产值提升572.67万元,林业产值和渔业产值分别减少22万元和26万元。综合以上变化,农业用地的地均产出由优化前的5217.99元/亩上升至优化后的5622.52元/亩,土地集约利用程度提升7.75%。

第四节 小 结

村镇区域空间规划是统筹优化村镇体系、居民点布局、产业结构、公共服务设施等村镇区域发展各项需求的整体方案,其目标是全面综合提升村镇区域发展条件。土地是人类活动的载体,土地利用的综合效益涵盖了村镇区域规划对农村地区经济产出、人民生活、生态环境的综合影响,是进行村镇区域空间规划后评估的良好切入点。对应于村镇区域空间规划所具有的高度专属性,作为规划后评估载体的土地利用评价也需要依据规划目标发展不同内涵。基于土地利用综合效益评价的规划后评估在实践中最重要的原则是因地制宜的开放性。本章将诸多规划目标统一在"经济—社会—环境"三维框架中,建议在规划后评估的实践中,以土地利用的基本概念和土地评价的主要原则为基础,将这一框架发展为适合区域实际需求的评价方法。同时,本章还罗列了评价中常用的指标及评价方法,实际运用过程中可以从上述基础理论出发,结合评价目标的实际要求建立合适准确的土地利用综合效益评价体系完成规划后评估工作。

参 考 文 献

毕宝德. (2006) 土地经济学. 北京:中国人民大学出版社.
陈亚婷,张超,杨建宇,等. (2010) 中国东南沿海农村居民点整治潜力评价方法. 农业工程学报, 26(2):349—354.
付光辉,刘友兆,祖跃升,等. (2007) 区域土地整理综合效益测算. 资源科学, 29(3):25—30.
林伟丽,周兴. (2010) 广西贵港市农村居民点土地集约利用评价. 安徽农业科学, 38(31):17695—17698.
刘斌. (2014) 基于模糊综合法的土地综合整治项目绩效评价——以江苏省泗洪县双沟镇项目为例. 现代农村科技, (15):68—70.
乔陆印,周伟,曹银贵. (2010) 大城市周边农村居民点土地集约利用评价——以北京市昌平区为例. 资源与产业, 12(5):50—55.
渠晓莉,毋晓蕾,陈常优,等. (2010) 土地综合整治效益评价研究——以河南省陕县为例. 国土资源科技管理, 27(6):78—84.
苏飞,张平宇. (2009) 基于生态系统服务价值变化的环境与经济协调发展评价——以大庆市为例. 地理科学进展, 28(3):471—477.
唐欣,林艳丽,邵长勇. (2013) 基于GEP视角的土地综合整治评价体系. 国土资源科技管理, 30(6):14—19.

王珊,张安录,张叶生.(2013)湖北省农用地整理综合效益评价——基于灰色关联方法.资源科学,35(4):749—757.

谢高地,甄霖,鲁春霞,等.(2008)一个基于专家知识的生态系统服务价值化方法.自然资源学报,23(5):911—919.

张汉庆,陈军.(2013)基于LMDI模型的农村土地综合整治效益评价——以安徽省宣城市为例.江西农业学报,25(11):143—146.

张健,濮励杰,彭补拙.(2007)基于景观生态学的区域土地利用结构变化特征.长江流域资源与环境,16(5):578—583.

朱帅蒙,陈伟强,房阿曼,等.(2014)基于土地综合整治的生态效益评价研究.安徽农业科学,42(16):5252—5254,5308.

第十章

结论与展望

本书从理论、现状和技术三个层面系统梳理村镇区域的发展路径多元性和空间结构复杂性,从而为村镇区域的空间布局与结构优化提供理论基础和方法参考。研究以村镇区域发展的空间特征为基础,强调通过发展定位明确村镇区域"产业—人口—土地"所面临的主要矛盾,进而通过"农业现代化—农村社区化—设施均等化—土地集约化"的思路对技术进行分析与综合。

一、理论层面

在理论层面,本书从国内外乡村发展理论、政策和实践的角度出发,利用发展动力、空间尺度、资源组织三维框架,对比了国内外乡村发展理论进展的异同,探讨了从村镇区域的视角理解城乡发展与空间优化的必要性。自20世纪50年代以来,西方乡村发展理论陆续经历了依赖城市的外生发展模式,依赖乡村自身的内生发展模式以及如今强调城乡共同作用的新内生发展模式。动力模式从外生向内生的转变,决定了乡村资源重组对于发展的重要作用。而空间尺度的变化将对资源组织模式及其效率产生直接影响。西方乡村发展理论逐步强调以协同为主题,陆续在小农经济、网络视角、农业多功能性等方面建构对乡村发展的"多利益主体、多空间尺度、多问题维度"式的理解。相比之下,中国乡村发展理论在一定时期内解释了中国城镇化进程中的乡村发展动力与机制,立足于国情并与制度和政策紧密联系,但也存在对农业重要性的认识不足,过分追求以规模化、专业化为倾向的农业现代化内涵,忽视城乡之间的过渡性特征,自下而上的发展动力机制相对薄弱等问题。

纵观国内外乡村发展的政策与实践,本书从多目标协调、多层级治理和多样化路径三个方面对比了国内外的实践经验。结果同样直接指向从区域层面认识乡村发展的必要性。虽然发展阶段存在差异,国内外的实践存在相似之处。例如,均认同地方力量在乡村发展过程中的重要作用,也认同政策干预在引导乡村发展过程中的合理性。不过,西方国家以善治为目标寻求通过分权化的方式强化基层治理,而中国则更多使用地方试验的方式来探索乡村发展的路径。无论是西方国家还是中国,乡村发展实践也都面临着执行与实施的有效性问题。但是,中国受制于其城乡分治的制度惯性以及城市偏向性和政府主导型的发展策略,乡村发展在各方面受到压制,既表现在制度与政策理念、也表现在规划技术与方法。要改变城市倾向性的矛盾,关键在于要认识到乡村发展的多样化路径。乡村发展并非必须要变成城市或小城镇。如何将地方力量与地方知识纳入乡村发展决策是讨论村镇发展不可回避的问题。

由于乡村发展理论演进和规划实践启示都指向了乡村发展迈向区域视角的重要性,城乡联系成为区域发展的重要内容,用地效益提升则是发展的关键目标。基于此,本书提出以村镇区域为基本空间单元探索乡村发展与空间优化的问题。首先,研究提出村镇区域是以乡镇为核心,囊括周边农村地区的地域单元,为由点及面地探索城乡过渡地带人口、产业、制度、权利关系变革多样性与复杂性提供了一个合适的空间载体。其次,村镇区域为理解城乡联系提供了分析框架,研究指出村镇区域包含两个层次的城乡联系:一是乡镇与城市之间的联系,决定着区域发展潜力与方向;二是乡镇与农村之间的联系,决定了村镇区域发展的内在动力。最后,研究指出村镇区域视角下,发展的核心是人口、产业与土地之间的综合协调。

二、现实层面

在现实层面,本书在理论与实践启示的基础上,构建了村镇区域"产业—人口—土地"的综合问题框架,并从工业化、城镇化以及人地矛盾三个视角出发,探讨了中国村镇区域发展所表现出的主要特征及其面临的关键问题。研究结果表明,三农问题的内涵与村镇区域发展的"产业—人口—土地"核心相契合。三农问题的演进反映出,在村镇区域的空间范围内,农业和工业、城市和乡村、农民和土地之间的联系不断发生着变化,影响着三农问题的走向,也使得村镇区域发展具备多元化特征。

三农问题的解决需要一个区域统筹的视角。具体表现在,中国快速工业化的进程中,农村地区经历了独特的工业化进程洗礼,村镇企业的沉浮兴衰推动了特定时期的特定地区的村镇发展,也奠定了今日村镇区域差异化发展的基础;城镇化进程的不断推进,一方面带动了周边乡村地区的发展,使得部分村镇表现出鲜明的城市中心式的发展倾向,另一方面部分农村人口大量迁出,亦使大量村镇表现出衰退的迹象。在城乡复杂联系的背景下,村镇区域的发展更需要体现出因地制宜与统筹兼顾的特征,摆脱点状思维,改变以城统乡的单一式发展模式;人地矛盾加剧则可视为工业化和城镇化进程中的产物。有限的土地资源在村镇工业化时期和城市中心式发展时期,表现为土地资源供给的有限性与快速膨胀的需求之间的矛盾;同时在人口外迁的衰退村镇之间,则表现为人口锐减、产业发展滞后与土地闲置之间的用地效益低下。人地矛盾凸显出村镇区域发展在空间协调方面的必要性。

工业化、城镇化和人地矛盾是三农问题的主要来源。村镇区域集中体现了这一系列进程对三农的影响。据此,研究强调村镇区域的发展核心在于尊重村镇区域发展的多样性,促进人口、产业和土地资源在区域内部的综合优化配置,避免城乡二元对立式的理解,实现农业和工业、城市和乡村、农民和土地之间关系的协调。这也决定了村镇区域发展与空间优化的内容势必将围绕"产业—人口—土地"之间的矛盾展开。

三、技术层面

在技术层面,研究梳理现有分析技术,充分比较其适用性;通过实地调研、问卷访谈、数据统计等方式对村镇区域的特征进行剖析,掌握其发展的基础、路径、需求与制约;在契合现实条件与需求的基础上,兼顾技术的先进性、数据的普遍性和操作的可行性,使用定性与定量相结合的方式,最终提出"农业现代化—农村社区化—设施均等化—土地集约化"是村镇区域发展的可行路径,并以此为线索对技术进行集成。技术可细分为五个主要部分:

(1) 村镇体系构建。通过"城—镇"联系强度、人口变化定位乡镇发展潜力,构建"场镇—中心村—基层村"三级镇村体系。技术强调厘清村镇区域发展与城镇体系之间的衔接关系,明晰村镇区域内部的发展结构。

(2) 产业发展诊断与优化。结合村镇定位结果,从产业结构、社会经济、空间布局、基础设施水平等角度分析产业现状并对主导产业进行指引。技术强调分析产业用地组织模式,从土地角度解决产业发展遇到的矛盾。

(3) 居民点空间评价与优化。以居民点综合适宜性评价为基础,通过空间避让与迁村并点进行居住空间优化。技术强调集中居住的可行性与合理性评估,以及空间布局模式应遵循的依据。

(4) 公共服务设施现状评价与空间优化。以公共服务设施在现状分布、服务人口及服务范围方面的综合状态为依据,优化设施布局。技术强调协调设施配套在"可达性—规模"之间所面临的矛盾。

(5) 土地综合效益评估。以村镇区域空间优化方案所提出的居民点整理及产业结构优化方案为基准,评价土地节约集约利用现状及预期实现的土地利用效益。技术强调经济、社会和生态效益的耦合。

四、展望

总体而言,无论是发达国家还是发展中国家,在经济快速发展进程中大多都经历过农村发展停滞甚至是出现衰退的阶段。国际理论进展揭示出了乡村复兴在解决一系列经济、社会和环境问题方面的重要作用,国际实践经验亦揭示出从区域层面理解乡村发展的重要性和有效性。当前,全国村镇发展面临一系列重大问题,集中体现在劳动力大量外流,土地利用集约程度不高,环境污染严重;居民点空间布局零散、功能单一、规模较小、结构松散;产业发展落后、结构不合理、布局分散;基础设施建设落后,布局欠合理,功能薄弱。这些同时造成了村镇土地利用效率低下。然而,国内村镇区域规划的理论与技术落后于村镇建设发展的速度,村镇规划多套用城市规划方法,难以适应村镇区域发展的实际要求。

因此,如何立足于村镇区域发展的内在要求,建立适度紧凑、等级完善、功能完整的村镇体系;如何通过村镇区域生产和生活空间的调整与优化,实现村镇区域土地集约节约利用、生态环境可持续发展;如何通过基础设施与公共服务设施的供需关系调整与空间布局优化,改善村镇区域的人居环境、切实提高人民生活水平,这些都是值得进一步在具体实践过程中不断探索完善的关键问题。